Heinrich Fuhrmann

Dr. Friedrich Wilhelm Heidenreich

Kaspar Hauser.

Beobachtet und dargestellt in der letzten Zeit seines Lebens von seinem Religionslehrer und Beichtvater.

—

Kaspar Hausers Verwundung, Krankheit und Leichenöffnung.

Heinrich Fuhrmann

Dr. Friedrich Wilhelm Heidenreich

Kaspar Hauser.

Beobachtet und dargestellt in der letzten Zeit seines Lebens von seinem Religionslehrer und Beichtvater.

—

Kaspar Hausers Verwundung, Krankheit und Leichenöffnung.

Impressum:
© 2019 Till Müller (Hrsg. u. Bearb.)
Herstellung und Verlag: BoD-Books on Demand, Norderstedt.
ISBN: 978-3-74817-208-6

Heinrich Fuhrmann

𝕶𝖆𝖘𝖕𝖆𝖗 𝕳𝖆𝖚𝖘𝖊𝖗.

Beobachtet und dargestellt in der letzten Zeit seines Lebens von seinem Religionslehrer und Beichtvater.

Vorwort.

Ich übergebe hiermit zur Steuer der Wahrheit dem größeren Publikum meine bis zu Kaspar Hausers letztem Lebensaugenblick seit dem Oktober 1832 über ihn angestellten und fortgesetzten Beobachtungen. Nur Fakta, die ich selbst gesehen habe, gebe ich, jedes weitere Raisonnement bleibt ausgeschlossen, das Urteil wird sich von selbst geben.

Nehmt, gutmütige Menschen, denen das Unglück des Gemordeten in jeder Beziehung nahegeht, diese kleine Gabe. Vielleicht werden größere euch von anderen und Tüchtigeren gereicht.

Die Zukunft wird wohl den Schleier der bis jetzt so dunklen Ereignisse lüften. Wir wollen es ruhig abwarten und ihr mit unseren Urteilen nicht vorgreifen. Was lange zum Hohn der Menschheit verborgen blieb, hat ja gar oft schon eine unbedeutende, mit der Sache selbst scheinbar in gar keinem Zusammenhang stehende Begebenheit schrecklich oder freudig an das Tageslicht gebracht. Die Vorsehung hat ihre Pläne und Wege, die, wenn auch verborgen, dennoch liebevoll und weise sind. Glücklich, wer diesen Glauben in treuer Brust bewahrt, ihm wird und ist er die schönste und zuverlässigste Leuchte in den dunklen Labyrinthen des Erdenlebens.

I.

Seltsame Menschen werden in der Regel in entgegengesetzten Richtungen beurteilt. Dieser Grundsatz hat sich in diesen Tagen wieder auf eine merkwürdige Weise bewährt. Kaspar Hauser, dessen Geschichte bis zu seinem tragischen Ende aus einem trefflich geschriebenen Buch, das den Titel führt: *Kaspar Hauser, Beispiel eines Verbrechens am Seelenleben des Menschen* von Anselm Ritter von Feuerbach, so wie aus den Daumerschen und Merkerschen Heften, aus Zeitungen und Korrespondenzen wohl den meisten bekannt ist, liefert den Beleg dazu. Er setzt gegenwärtig viele Gemüter in Bewegung und die Teilnahme an seinem Schicksal hat sich bereits auf eine so lebendige Weise ausgesprochen, ist noch immer so rege, daß einige Bemerkungen über sein inneres Leben, über die Art und Weise, wie er den Religionsunterricht, der ihm zur Vorbereitung auf seine Konfirmation, welche er am 20. Mai 1833 feierte, erhalten und aufgefaßt hat, über sein gewaltsam herbeigeführtes Ende und seine letzten Lebensaugenblicke, teils nicht unerwartet, teils nicht uninteressant sein werden.

Kaspar Hauser hat im Leben seine Gönner und Gegner gefunden, die schriftlich und mündlich ihr Urteil über ihn ausgesprochen haben, und es wird auch jetzt nach seinem Tode nicht fehlen, daß entgegengesetzte Richtungen des Urteils über ihn sich offenbaren. Mündlich geben sie sich bereits kund, und es steht zu erwarten, daß das auch schriftlich geschehen wird. Wenn dies nun nur von solchen geschieht, die selbst gesehen und beobachtet haben, wenn dies, gleichviel ob für oder gegen Hauser, mit der in solchen Fällen gerade am meisten notwendigen Ruhe, Besonnenheit und Unbefangenheit geschieht, so kann durch die nach geschlossener Untersuchung vielleicht erfolgende Veröffentlichung des Tatbestandes von der kundigen Hand eines tüchtigen Rechtsgelehrten manches für Seelen- und Rechtswissenschaft gewonnen werden, was außerdem noch auf längere Zeit verborgen geblieben wäre. Hätte Hauser uns, die wir mit regem Bedauern einen Unglücklichen in ihm erblickten, der nach langer unverschuldeter Gefangenschaft für seinen Körper liebende Sorgfalt und Pflege, für seinen Geist Bildung, für sein Gemüt Erheiterung und Aussöhnung mit dem Leben und den Menschen, die es ihm verkümmert hatten, bedurfte, getäuscht – was ich indessen, nach meinen Beobachtungen, wenn es mir nicht mit mathematischer Gewißheit dargetan wird, niemals glaube – so müßten wir freilich arge Trugschlüsse gemacht haben und nach ganz anderem Maßstab, als bisher, die Menschen in ihrer Denkweise bemessen. Hätten sich aber diejenigen, die noch immer an ihm irre sind, die sogar die erst am 14. des Monats[1] an ihm verübte schaudervolle Tat auf seine Rechnung zu schreiben nicht ungeneigt sind, in ihrem Urteil über ihn geirrt, was ich bis jetzt noch immer mit aller Bestimmtheit annehme, dann wäre eine milde und christlich liebevolle Beurteilung des Nebenmenschen mit

---

[1] D. i. Dezember 1833.

stärkerer Sprache gepredigt, als auf allen Kanzeln der
Welt.

In diesen Bogen nun soll dargestellt werden, und zwar
dargestellt aus längerer genauer Bekanntschaft und
eigener Beobachtung. Nicht vorgefaßte Meinung, sondern
aus Erfahrung gewonnene Überzeugung wird hier dar-
gelegt. Zunächst richte ich den Blick auf Hausers inneres
Leben, wie ich es kennengelernt habe, und ich habe ihn
demnach in doppelter Hinsicht zu betrachten, einmal von
seiten seines Geistes, fürs andere von seiten seines
Herzens.

Was die erste Seite betrifft, so halte ich mich hier zuerst
an die Fassungskraft und glaube, darin den natürlichen
Weg gewählt zu haben. Denn es ist klar, daß die Gegenstände, welcher Art sie auch seien, mögen sie der äußeren
Anschauung dargeboten werden, oder bloß im Gebiet des
Denkens liegen, um über sie ein Urteil zu fällen und
Schlüsse auf sie zu begründen, vorher aufgefaßt werden
müssen. Auch wird es kaum jemand bestreiten, daß von
der Art und Weise der Auffassung eines Gegenstandes die
Anwendung oder Beurteilung desselben und ihre Rich-
tigkeit oder Unrichtigkeit, Mangelhaftigkeit oder Voll-
ständigkeit abhänge. Eben deswegen muß die Fassungs-
gabe eines Menschen, die Gelegenheit, die er hatte,
dieselbe zu üben und zu bereichern, welcherlei Gegenstände ihn umgaben, wie sie sich ihm darboten oder
gereicht wurden, sorgfältig ins Auge gefaßt werden, wenn
wir über sein Tun und Treiben, wenn wir überhaupt über
seine Lebensäußerungen absprechen wollen. Jedes Urteil
über den Wert oder Unwert eines Menschen, über den
inneren Grund seiner Reden und Handlungen sollte vorher

in eine Frage nach seiner Fassungskraft verwandelt werden und es würde manches auch mit mehr Gerechtigkeit und Liebe gefällt werden, als es gewöhnlich geschieht. Doch ich wollte ja von Hauser reden, und habe also die Frage nach seiner Fassungskraft zu beantworten. Und wie war sie? Nach meinem Urteil ein eigentümliches Gemisch von Jünglingsreife und Kindereinfältigkeit. Das sind Widersprüche, wie manche sagen. Und sie haben Recht. Das ist Verschrobenheit, sagen wieder andere, und auch sie mögen, vorausgesetzt, daß sie damit nicht einen dem moralischen Wert widersprechenden Sinn ausdrücken, gewissermaßen Recht haben. Allein, möchte man beiden entgegnen, woher soll denn die Regelmäßigkeit in Hauser kommen, dessen ganze Entwicklung unregelmäßig war? Man tut diesem Unglücklichen so vielfach weh, indem man ungerechte, übermäßige Forderungen an ihn macht. Weil er einem Jüngling gleichsah und eine Jünglings-stimme hatte, weil er auf eine fast wunderbare Weise an das Tageslicht kam, so sollte er ebenso allen Jünglingen gleichstehen, sie wenn es möglich war übertreffen und ein kleiner Wundermann sein. Das geschah denn nicht. Jetzt redete er überraschend gut über einen Gegenstand, und zeigte tüchtige Auffassung der Gegenstände überhaupt, dann aber auf einmal kam der Tölpel, und man war versucht, böse zu werden über den großen Menschen, der ein so gar kleines Maß von Fassungskraft entwickelte. Was war davon zu sagen? Viele halfen sich kurz, waren also gleich mit der Sache fertig, indem sie dieselbe unter die vielfassende Rubrik „Betrügerei, Verstellung" brachten. Viele wunderten sich, schüttelten den Kopf und konnten die Sache nicht begreifen. Allein bei genauerer Betrachtung wird teils der Verdacht gegen Hauser, teils das Rätselhafte seiner Fassungskraft verschwinden. Man darf durchaus keine Parallele zwischen ihm und unseren, in normalmäßigen Lebensverhältnissen aufgewachsenen Kindern ziehen. Bei diesen wird von der ersten Spur des Bewußtseins, das sie verraten, durch die Mutter, die Amme, die Kindsmagd, durch den Umgang mit anderen Kindern und dergleichen, die Fassungskraft geweckt und geübt. Bei Hauser war das alles anders. Aus den Armen seiner natürlichen Pfleger gerissen, geriet er gleich in den ersten Kindheitsjahren in die Hände unnatürlicher Menschen. Mit der Tür seines Loches, in das er gesteckt wurde, schloß sich für ihn die schöne weite Welt und eine sehr enge, von niedrigen Mauern eingeschlossene, welche ihm nichts zur Betrachtung darbot, als ein Paar hölzerne Rosse, ein Stück Brot und einen Krug mit Wasser, war der Schauplatz seines Wirkens und Lebens. In dieser körperlichen und geistigen Gefangenschaft blieb er bis zu jener Zeit, wo er in Nürnberg zuerst mit Welt und Menschen bekannt wurde. Da stürmte das Leben auf ihn ein. Die unermeßliche Zahl der Gegenstände, die sich ihm, sobald er etwas aufgewacht war, darbot, erdrückte ihn fast. Alles war ihm neu, alles gleich interessant. Aber er verstand nichts, und der Totaleindruck, der hier auf ihn gemacht wurde, konnte keineswegs wohltätig auf seine so ungeübten, zum Teil schlummernden, zum Teil förmlich vergrabenen Geisteskräfte wirken.[2] Ich habe das oft an ihm

---

[2] Sehr schön und richtig spricht sich von Feuerbach a. a. - O. S. 87 f. also darüber aus: *Brachte der fast ununterbrochene Umgang mit den vielen, die sich den ganzen Tag über zu Kaspar hindrängten, den nicht zu verkennenden Gewinn, daß er auf kurzem Wege mit vielerlei Dingen und*

bemerkt, und würde jeden anderen meiner Schüler, bei denen natürlich andere Voraussetzungen, als bei Hauser galten, der Zerstreutheit beschuldigt, oder mir Unfähigkeit mich einem anderen deutlich zu machen, vorgeworfen haben. Aber bei Hauser mußte ich billig sein. Denn wer noch so mühsam, wie er, an konkreten Begriffen sammelte, dem mußten die abstrakten allerdings des Schweren und Rätselhaften genug bieten. Ich durfte, was man doch bei dem Konfirmandenunterricht in der Regel darf, bei ihm fast gar nichts voraussetzen. Denn tat ich's bei einem Artikel, so fühlte ich bei dem anderen die daraus natürlich abzuleitenden Mängel und Lücken nur allzu merklich. Er hatte zwar in Nürnberg mancherlei gehört, und rühmte auch die Bemühungen der Herren Prof. Daumer und Pfarrer Hering an ihm recht dankbar; aber er hatte gar vieles davon nur äußerst mangelhaft aufgefaßt, und zeigte auch in meinem Unterricht, daß sein Fassungsvermögen für sein Alter sehr ungeübt und mangelhaft war. Ich mußte äußerst vorsichtig im Urteil darüber sein,

---

Worten bekannt wurde, und bald im Verstehen und Sprechen verhältnismäßige Fortschritte ,machte; so war doch offenbar das Allerlei von Menschen, deren Massen Kaspar Hauser preisgegeben war, nicht wohl geeignet, eine naturgemäße Entwicklung dieses ,verwahrlosten Jünglings zu fördern. – – Was ihm aber auf diese Weise zukam, konnte doch nicht zum kleinsten Ganzen sich gestalten, alles zusammengenommen häufte sich nur als ein ungeordnetes, zerstreutes, buntes Allerlei von hundert und tausend, Halb- und Viertelvorstellungen und Gedankenbruchstücken auf- und nebeneinander. Wurde so die leere Tafel seiner Seele bald genug beschrieben, so wurde sie doch auch zugleich nur zu bald mit, zum Teil sogar nichtswürdigen Dingen überfüllt, entstellt und verwirrt.
Über den physischen Schaden, der daraus für ihn entstand, hat sich in dem angeführten Buch Dr. Osterhausen gleichfalls ausgesprochen.

ob er die ihm vorgetragenen Lehren begriffen habe, und nur zu oft die Wahrnehmung machen, daß, wenn bisweilen der Jüngling aus ihm dem Anschein nach recht verständig sprach, mir das Kind in ihm sagte, er habe mich nicht recht verstanden.

Gleichermaßen verhielt es sich mit seiner Urteilskraft. Ich kann und will hier gleichfalls nur das geben, was ich zu beobachten und wahrzunehmen Gelegenheit hatte. Schärfe und Stumpfheit wechselten auch hier miteinander ab. Beide erregten in gleichem Grade mein Erstaunen. Ich konnte auch hier durchaus nicht auf den Jüngling rechnen. Er sprach zwar öfters; aber von Konsequenz und Beständigkeit war keine Rede, denn er wurde alsbald durch das Kind verdrängt. Ebensowenig kann ich sagen, daß Hauser eine eigentlich scharfe Beurteilungsgabe besaß. Es gab allerdings Fälle, wo sie vorhanden zu sein schien; allein diese waren Blitzen zu vergleichen, die schnell entstehen, flammend, ja blendend leuchten, aber ebenso schnell vergehen, und die Dunkelheit oder Finsternis, die vor uns liegt, nur noch bestimmter sehen und erkennen lassen. So verhielt es sich bei ihm mit rein geistigen wie mit sinnlichen Gegenständen, mit Personen, wie mit Sachen.

Wenn ich aber hier sage, Hausers Urteilskraft sei keineswegs eine scharfe gewesen, so ist dies natürlich immer im Verhältnis zu seiner körperlichen Entwicklung zu verstehen, vermöge welcher man dem äußeren Anschein nach allerdings stärkere Forderungen an ihn zu machen berechtigt gewesen wäre. Allein es wird sich weiter unter zeigen, daß auch hieran seine frühere Lebensweise Schuld war, für welche neben seiner Erzählung auch die eigentümliche Bildung und Lage eines Teils

seiner Eingeweide spricht, und namentlich die geringe
Entwicklung einiger Organe seines Gehirns, wie sie sich
bei frühzeitig geistig angeregten Menschen nicht findet.
Man würde daher mit Unrecht von Hauser mehr gefordert
haben, als er bis jetzt wirklich leistete, und man kann eben
deswegen auch nicht behaupten, daß, weil man im Verhältnis zu seinem Äußeren nicht genug fand, Hauser das
nur zu sein, vorgab, was er war. Nicht unbedeutend
erscheint dieser Umstand, aber zur Erläuterung mancher
Dunkelheiten und Rätsel, mit denen die letzte Katastrophe
seines Lebens umgeben ist. Je reifer in seinem Urteil
Kaspar angenommen wird, desto mehr Schwierigkeiten
bietet die Untersuchung über sein erstes Erscheinen, wie
über seinen Austritt aus dem Leben. Je mehr wir ihm
Geübtheit im Urteil zutrauen, desto tiefer in den Hinter-
grund träten tausende von geistreichen und hellsehenden
Menschen, welche bis jetzt in Kaspar den unglücklichen
Findling, den bedauernswerten Menschen erblickten. Was
helfen aber Annahmen, oder vielmehr, was braucht man
sich mit Annahmen zu behelfen, wo Beobachtungen und
eigene Überzeugung zu Gebote stehen? Und diese Beobachtungen haben mich eben zu der Überzeugung geführt,
welche ich gerade über Hauser ausgesprochen habe. Es ist
nicht wissenschaftliche Schärfe und Präzision des Urteils,
die ich an ihm vermißte. Ich konnte sie ja gar nicht von
ihm erwarten. Aber jene Fertigkeit, die sich bei den
meisten Menschen, die im Leben und mit anderen Menschen aufgewachsen sind, zeigt, die die Umgebungen
richtig zu würdigen weiß, und über das Gehörte, oder
Gesehene, oder Erlernte sich bestimmt und klar zu äußern
versteht, meine ich hier. Daran fehlte es dem guten

Kaspar. Allein wie hätte er auch jetzt schon dazu kommen sollen? Ich habe die Überzeugung, daß er es schon dahin gebracht hätte, wenn sein Leben länger gedauert hätte. Gerade das Leben muß hier ja helfen, der Katheder tut und kann es nicht, wenn er gleich dabei nicht entbehrt werden kann. Man kann, beispielsweise zu reden, aus dem Unterricht in der Weltgeschichte recht viel lernen, aber weit lehrreicher ist die Geschichte, welche wir selbst leben. Daher Leute, die oft in gar kein Buch gesehen haben, ein weit gediegeneres Urteil über die Erfahrungen des Lebens fällen, als der, welcher eine ganze Bibliothek durchgelesen hat. An Hauser aber bemerkte ich eben diese Übung nicht, es fehlte ihm die Erfahrung, jene treffliche Lehrerin. Ich bin überzeugt, er hätte nachgeholt, was er ohne seine Schuld versäumt hatte. An Anlagen fehlte es nicht, wenn sie auch nicht glänzend waren, aber an Ausbildung derselben; nicht zwar, was seine Lehrer anbelangt, denn da sah man aus vielen Reminiszenzen, die er vorbrachte, daß viel an ihm geschehen war; sondern an jener Ausbildung, die das Leben gewährt.

Von seiten des Herzens, habe ich an Hauser manchen Vorzug bemerkt, und es ist mir nicht leicht ein Mensch von mehr Sanftmut, Weichheit, Freundlichkeit, Gefälligkeit, Güte und Liebenswürdigkeit vorgekommen, als er. Ich hatte vielfache Gelegenheit, dieses alles zu beobachten. Auch gegen keinen Menschen fand ich ihn feindselig gestimmt, gerne redete er von jedem das beste, dabei war er aber weit entfernt, die Fehler oder Laster, die er an anderen bemerkte, nicht als solche zu erklären. Sie beleidigten sein sittliches Gefühl, aber er urteilte immer mit äußerster Schonung über den Fehlenden. Besonders wohl gefiel er mir bei einer Gelegenheit, wo ihm Unrecht getan wurde, indem man einen Wunsch, den er hegte, und wozu ich ihm selbst die Anregung gab, aus unlauteren Motiven ableitete. Er fühlte das schmerzlich, und weinte heimlich; allein nicht ein bitteres Wort kam über seine Lippen. Er fügte sich, und hätte eher alles getragen, als sich rauh und unfreundlich ausgesprochen, ja er redete sogar mir beruhigend zu, als ich mit tadelnder Verwunderung mich über die Sache äußerte.

Ein besonders schöner Zug in seinem moralischen Charakter war seine Mildtätigkeit gegen Arme. Sah er einen, oder hörte er von der Not desselben, so bedurfte es keiner weiteren Aufmunterung, um ihn zur tätigen Unterstützung zu bewegen. Er teilte verschwenderisch seine Gaben aus, und hatte nur immer die Sorge dabei, ob es denn auch genug sei, was er gegeben habe. Noch eine Stunde vor seiner Verwundung legte er davon eine Probe in meinem Haus ab, auf die ich später unten kommen werde. Doch eine andere Tatsache will ich hier erwähnen, welche charakteristisch ist. Hauser war in der Familie des Herrn von * * * einheimisch, er war, wie man zu sagen pflegt, wie das Kind im Haus. Täglich beinahe, wenigstens, wann es ihm möglich war, kam er in diesen ehrenwerten Kreis, und unterhielt sich da oft mit Schachspiel, worin er in der letzten Zeit einige Fertigkeit erlangt haben soll. Es wurde eine Kleinigkeit bestimmt, welche der Verlierende in eine gemeinschaftliche Kasse zahlen mußte, woraus dann die Ausgaben für kleine Partien und dergleichen, bestritten wurden. Bereits waren wieder einige Gulden angefallen. Als nun, während Hauser das Geld zählte, Fr. v. * * * fragte: „Was werden wir denn

dieses Mal damit machen?" so antwortete er kurzent-
schlossen: „Wir wollen es den Armen geben, und da
fragen Sie nur den Herrn Pfarrer Fuhrmann, der kennt alle
Armen!" Dieser Antrag wurde in der edlen Familie
allgemein angenommen, und Fr. v. * * * ließ mich vor
einigen Tagen zu sich kommen, machte mich mit dem
Vorgang bekannt, und händigte mir die, durch einen
Beitrag von ihrer Seite vermehrte Summe ein. Bereits sind
schon mehrere recht Dürftige mit Unterstützungen er-
quickt, deren erfreute Mienen dem vollendeten Hauser
sein behaglich-liebliches Lächeln gewiß entlockt hätten.
Ich nannte diesen Zug charakteristisch, und zwar aus dem
Grunde, weil Hauser immer ein Freund von Lustpartien,
und überhaupt äußerst lebenslustig, lieber einen Genuß
opferte, wenn er nur den Armen Gutes tun konnte. Aber er
gab nicht pharisäisch. Nicht um sich, sondern um die
Sache war es ihm zu tun.

Was seinen persönlichen Mut anbelangt, so fand ich
denselben ganz, wie ihn v. Feuerbach S. 142 seines Buches schildert. Hauser war furchtsam, und recht kindisch
furchtsam, ganz das Gegenteil von dem, was er früher
gewesen war. Er kannte einst keine Furcht, man mochte
auf ihn hauen oder schießen. So lange ich ihn kannte, war
das anders. Ging man mit einem Messer, oder überhaupt
einer Waffe auf ihn los, so konnte man ihn treiben, wohin
man wollte. Bittend und flehend, und nicht mit erheu-
chelten, sondern mit wahren Gebärden und Bewegungen
der Angst zog er sich zurück, und kauerte sich, fand er
einen Winkel, ballförmig in denselben zusammen. Ich
erprobte das selbst, aber ganz absichtslos. Ich war nämlich
mit ihm in dem Haus des Herrn * * * eines Mannes, der

mit ganz besonderer Tätigkeit in Hausers Angelegenheit wirksam war. Unter mehreren Gegenständen im Zimmer, befand sich auch in einer Ecke ein schöner Kavalleristensäbel, welchen ich bewunderte und, weil er mir sehr groß vorkam, um seine Schwere zu untersuchen, aus seiner eisernen Scheide zog, und mit gestrecktem Arm vor mich hinhielt. Als ich das letztere tat, stand Hauser mehr, als die doppelte Länge des Säbels von mir entfernt am Fenster, und es war unmöglich, ihn von meinem Platz zu erreichen. Dennoch stellte sein Gesicht die Wirkungen des größten Schreckens dar, und er bat mich flehentlich, das gefährliche Instrument wieder an seinen Ort zu bringen. Ich willfahrte, Hauser war wieder froh, wie vorher, und ich bedauerte es, diesen guten Menschen in eine so große Angst gesetzt zu haben.

Hauser konnte keinem Menschen wehe tun sehen, und machte mir, wie ich an seinen Mienen nicht undeutlich sah, öfters stille Vorwürfe, wenn er mich mit meinem kleinen Knaben zanken hörte, und ich mußte mich dann förmlich bei ihm verantworten, und ihm auf das weitläufigste demonstrieren, daß Wilhelm, – so heißt mein Kleiner – seinen Verweis wohl verdient habe. Einen anderen Beweis von seinem Mitleid hat mir eine äußerst achtungswerte Dame erzählt. Er war bei ihr zu Tisch geladen. Da betrug sich dann eines der Kinder etwas widerspenstig, und bildete einen augenblicklichen Gegensatz gegen den guten sanften Kaspar, welcher mit stillem Unbehagen das Benehmen des Unartigen betrachtete. Die Dame, hierdurch gereizt, bediente sich des Ausdrucks: „Ach lieber Gott, man sollte doch alle Knaben bis zu ihrem zwölften Jahr ins Loch sperren, damit sie sich keine solche Unarten angewöhnen können." Als Hauser diese Worte hörte, sprach er beruhigend: „Ach nein, das wäre das Härteste, was man sich denken kann, da würden ja alle Knaben und auch der gute Fr. da um ihre ganze Kindheit gebracht!"

Neben diesen Äußerungen seiner Herzensgüte bemerkte ich, wie schon erwähnt, ziemliche Lebenslust bei ihm. Von einem Konzert, das er besuchen, einem Ball, dem er beiwohnen, einer Gesellschaft, an der er teilnehmen durfte, hörte ich ihn immer mit einem großen Wohlbehagen sprechen. Am Theater hatte er eine besondere Freude. Wenn man ihn aber mit einer von den ehrenwerten Familien dahier, wo er liebevolle Aufnahme gefunden hatte, auf einem Spaziergang oder bei einer Landpartie sah, so wurde man hingerissen von der lieblichen Freundlichkeit, die sein ganzes Gesicht überstrahlte. Wenn er etwas dergleichen vor sich wußte, so war er wie ein Kind. Er war zerstreut und allzusehr nach außen gekehrt, so daß es manchmal der zurechtweisenden Aufmunterung bedurfte, um seine Aufmerksamkeit dem Lehrgegenstand zu erhalten.

Doch wenn ich ihm dann ein Gebot oder Verbot gegeben hatte, so konnte ich auf den bereitwilligsten Gehorsam rechnen. Hätte ich von ihm verlangt, er solle seine Lektion bei mir um Mitternacht nehmen, ich glaube, er wäre mit derselben Freundlichkeit und Bereitwilligkeit gekommen, mit der er immer morgens um 8 Uhr in mein Zimmer trat. Nie habe ich den geringsten Widerspruchsgeist an ihm bemerkt. Er war stets sanft, hingebend, folg- und duldsam. Wollte ich ihn aber recht im Eifer sehen, so dürfte ich nur einen kleinen Lobspruch spenden. Denn etwas eitel, aber im unschuldigen kindlichen Sinne, erschien mir Kaspar immer. Er hatte gerne schöne Kleider und putzte sich überhaupt gerne, hatte es auch gar gerne, wenn man seine Sachen, seine Geschicklichkeit in einzelnen Dingen anerkannte oder bewunderte, und zeigte nach meinem Urteil in dieser Beziehung sich mehr mädchenhaft. Überhaupt bemerkte ich, wenn ich Gelegenheit hatte, ihn im geselligen Umgang zu beobachten, daß er sich mehr an das weibliche, als männliche Geschlecht anschloß. Ich fand aber auch darin nichts Besonderes, sondern vielmehr etwas sehr Natürliches. Es ging ihm bei den Frauen, als dem weicheren zarteren Geschlecht im Grunde auch besser, als bei den Männern, die ihm zwar Teilnahme und Freundlichkeit, aber niemals jene innige, zärtliche schenken konnten, die den tieferfühlenden weiblichen Seelen eigentümlich ist. Auch paßte meiner Meinung nach Hausers Charakter mehr zu den Frauen, als zu den Männern. Er war noch bei weitem nicht der rasche ungestüme Jüngling, der er seinen Jahren, die man ihm ansah, und seiner Stimme nach hätte sein sollen. Er war der sanfte liebliche Knabe auf seiner geistigen Entwickelungsstufe, dem das rauhe Wort wehtut; er war die Pflanze, die nur das milde Spiel des weichen Zephyrs ertragen kann, noch nicht der junge Baum, der durch des Sturmwinds Andrang immer tiefer wurzelt. Ich glaube, daß er unter diejenigen Menschen gehörte, über die das sanfte Wort alles vermag, welche aber dagegen durch rauhe harte Behandlung leicht so verwirrt werden können, daß sie gar nicht mehr wissen, was sie tun, oder lebenslang ein schüchternes Mißtrauen gegen jeden hegen.

Endlich muß ich noch sagen, daß ich ihn immer recht offen und aufrichtig gegen mich fand. Ich gewahrte nicht leicht eine Unwahrheit an ihm, eine Lüge aber nie. Zu dem ersten hatte er bei mir gar keinen Grund, und zu dem anderen schien er mir viel zu gutmütig. Mag er nun bei anderen auch manchmal eine Unwahrheit gesagt haben, so sehe ich darin gar nichts anderes, als jene alltägliche Erscheinung, die sich bei den meisten, ja – es wird nicht zu kühn behauptet sein – bei allen Kindern seines geistigen Alters findet. Wer Vater oder Mutter ist, oder wer sich mit der Erziehung von Kindern abgegeben hat, wird das gar wohl bemerkt, und in jenen kindischen Unwahrheiten, die er an seinen Kindern oder Pfleglingen wahrgenommen hat, nicht gerade einen Fehler seiner Kinder, sondern der Kinder überhaupt erkannt haben, die in der Regel Egoisten sind, und, um in ihrer Behaglichkeit nicht gestört zu werden, ihren Willen durchzusetzen, einer Strafe zu entgehen usw. es mit der strengen Wahrheit nicht so ganz genau nehmen, ohne deswegen Lügner zu sein. Dieses Wort sagt viel. Es setzt ausdrückliche Bosheit und Verschmitztheit voraus, und den festen Willen, zu schaden. Von allen diesen Dingen, nahm ich aber an Hauser auch nicht das Geringste wahr.

Aus seinen Äußerungen, die er zu mir über die Personen, welche sich seiner angenommen hatten, machte, konnte ich auch recht wohl ein mit warmer Dankbarkeit erfülltes Herz entnehmen. Er äußerte sich so liebevoll, so gemütlich über sie alle, verriet eine so große Anhänglichkeit, ein so warmes Freundschaftsgefühl für sie, daß ich eine recht lebendige Aufforderung darin fand, sein kindliches Vertrauen zu erwerben. Er erzählte so gerne von ihnen, wie viele Beweise ihrer Liebe er erfahren. Wenn ich ihm dann sagte: „Sehen Sie mein lieber Kaspar, wie sehr Sie Ursache haben, gegen den lieben Gott recht von Herzen dankbar zu sein. Sehen Sie, wie er, der gute Himmelsvater so recht wunderbar und liebevoll für die Unglücklichen sorgt", so traten ihm alsbald die Tränen in die Augen. Bemerkte ich ihm ferner, daß er seinen Wohltätern nicht besser danken könne, als wenn er sich alle Mühe gäbe, ein recht guter und brauchbarer Mensch zu werden, so sprach er mit größter Entschiedenheit den Vorsatz aus, auch alles dazu aufzubieten.

II.

Doch ich will nun zu einem andern Abschnitt übergehen, und Hauser, den ich bisher so darstellte, wie ich ihn als Mensch im allgemeinen fand, nun als Schüler in meinem Konfirmandenunterricht darstellen. Er konnte ihm nicht erteilt werden wie den übrigen Kindern, die schon an der Mutterbrust den lieben Gott kennenlernen, von ihrem sechsten oder siebenten Lebensjahr an, im Verhältnis zu unserem unglücklichen Kaspar, als wahre Gelehrte, die Schule besuchen, und, nachdem sie da sieben bis acht Jahre auf die mannigfachste Weise mit Gott und seinen Offenbarungen bekanntgemacht worden sind, im Konfirmandenunterricht teils Rechenschaft davon zu geben haben, wie sie die ihnen bereits mitgeteilten Lehren aufgefaßt, teils zur verhältnismäßig vollkommenen Erkenntnis des Christentums überhaupt, teils zur bestimmten Auffassung des Symbols der Kirche, zu welcher sie sich bei dem Konfirmationsakt verpflichten, gebracht werden sollen. Schüchternheit und Freude waren daher die Gefühle, welche in meinem Herzen kämpften, als das wohlwollende Vertrauen sehr geachteter Männer den merkwürdigen Findling meinen Händen anvertraute. Ich war begierig, recht begierig auf die erste Stunde, wo er zu mir kommen würde, verkannte das Schwierige meiner Aufgabe an ihm keineswegs und fand auch, als ich den Unterricht mit ihm begann, daß v. Feuerbach Recht hatte, wenn er a. a. O. S. 118 von ihm behauptete, *daß der ihm eingeborene Pyrrho[3] bei vielen Gelegenheiten immer wieder zum Vorschein kam.* Es war bei ihm immer ein guter Vorrat von anschaulichen Beispielen notwendig, und ich kann mit Wahrheit sagen, daß die Zeit vom Oktober 1832 bis zum Mai 1833, welche ich in wöchentlich 5-7 Stunden zu seinem Unterricht verwendete, für mich, als Jugendlehrer, eine sehr lehrreiche gewesen ist. So tüchtig die Herren Professor Daumer und Pfarrer Hering in Nürnberg, und Herr Lehrer Meyer dahier, mir in die Hand gearbeitet hatten, so fand ich dennoch recht viel zu tun. Indessen die gute, gemütliche, unschuldsvolle und nach religiöser Überzeugung so begierige Seele Hausers erleichterte mir vieles, und machte mir die Unterrichtsstunden zu wahren Freudenstunden. Die Zeit verging so schnell und angenehm, daß Kaspar und ich uns oft wunderten, wenn die Uhr uns sagte, wir seien statt einer, zwei Stunden beisammengesessen.

Da Hauser in Nürnberg nach dem Spenerschen Katechismus seinen Unterricht zum Teil erhalten hatte, da

---

[3] Pyrrho war ein alter griechischer Philosoph, der von dem Grundsatz ausging, man müsse alles bezweifeln, ehe man es für wahr anerkenne.

ferner in diesem Buch der Lutherische Katechismus ganz erklärt wird, so behielt ich denselben bei; die Bibel aber war und blieb das Hauptfundament. Allein ich mußte, wie schon erwähnt, eine ganz andere Methode in dem Gebrauch des Lehrbuches befolgen, als es bei jungen Leuten, die den Konfirmandenunterricht gewöhnlich genießen, der Fall ist. Bei jedem, der nicht im Zustand der Verwilderung aufgewachsen ist, findet der Lehrer Anknüpfungspunkte für die positiven Lehren des Christentums wie für die charakteristische Auffassung und Darstellung derselben von seiten der Kirchengesellschaft, Das Gedächtnis ist vertraut mit den Hauptsätzen derselben, der Verstand nimmt das meiste von denselben auf, ohne den geringsten Zweifel zu hegen, ein inneres Nötigungsgefühl, wie es ein bekannter theologischer Gelehrter nennt, bestimmt ihn dazu, ohne seiner Selbständigkeit wehzutun, weil es in dem Gebiet derselben einheimisch ist. Bei Hauser war das nun freilich anders. Zwar war sein Gedächtnis durchaus nicht leer, sondern zeugte ganz unzweideutig davon, daß viel an ihm geschehen war. Allein je mehr sein Verstand sich entwickelte, je mehr der Kreis seiner Lebenserfahrungen sich erweiterte, desto mehr zeigte sich in ihm der Mangel früherer, oder, wenn ich so sagen darf, ursprünglicher Geistesentwicklung. Vorübung und weitere Bildung machten bei ihm nicht eigentlich verschiedene Perioden aus, sondern fielen fast in eins zusammen. Indessen kam ich, unterstützt durch die oben angegebenen, in Hausers Individualität liegenden moralischen Mittel, nach meinen Wahrnehmungen, zwar nicht ohne große Schwierigkeit, doch zu einem erfreulichen Ziel.

Es liegt nicht in dem Plan dieser Bogen, Stunde für Stunde zu verzeichnen, was mit Hauser und von ihm in dem Konfirmandenunterricht geschah. Teils könnte ich das nicht mehr mit genauer historischer Treue, teils würde vieles weder interessant, noch ungewöhnlich erscheinen, teils würde ich eine weitläufige theologisch-pädagogische Abhandlung zu schreiben haben. Nur einiges will ich anführen, um einerseits zu zeigen, wie Hauser den Unterrichtsstunden beiwohnte, andererseits, wie es anzufangen war, um den Anforderungen, die an den Religionslehrer im Verhältnis zu ihm gemacht wurden, zu genügen. Aus seinen sonderbaren Schicksalen nahm er zwar keine Veranlassung zu Einwendungen gegen Gottes segensvolles Dasein, wie er es einst[4] getan hatte, sondern er war schon soweit, die Spuren desselben in der wohltätigen Änderung seines Lebensganges zu erkennen und zu preisen. Allein dennoch fehlte es nicht an Augenblicken, wo das Entzücken über Gottes Vollkommenheit sich in sogar tadelnde Bemerkungen verwandelte. Als Beweis für das erstere will ich nur anführen, daß Hauser in einer der ersten Unterrichtsstunden sich ungefähr so gegen mich äußerte: „Anfangs, als ich nach Nürnberg gekommen war, konnte ich mir gar keinen Begriff von etwas Geistigem machen, und es war mir nicht möglich, mir einen Gott zu denken, der allgegenwärtig ist. Ich meinte, zu jedem einzelnen Gegenstand der Natur, den ich erkannte, sei jemand notwendig, der ihn verfertige und dann an seinen Platz stelle. Jetzt denke ich freilich anders, der Herr Professor[5] hat mich eines besseren belehrt." – „Besonders

---

[4] Nach Feuerbachs Buch S. 119.
[5] Daumer.

sehe ich aus der Veränderung, die mit meinem Schicksal vorgegangen ist, daß Gott viel mächtiger und viel besser ist, als alle Menschen. Denn es waren doch die Menschen, die mich eingesperrt hatten, und am Ende vielleicht umbringen wollten. Das litt aber der allmächtige Gott nicht, sondern er hat mich erhalten, und es ist mir jetzt recht wohl in der Welt, in die er mich geführt hat." – „Es ist mir ein rechter Trost, daß ich Gott kenne, denn nun weiß ich es, daß ich nicht verlassen bin, wenn ich auch von allen Menschen verstoßen würde."

Da ich gleich anfangs mit Hauser, (bei dem es mir, wie ich ihn und seine Begebenheiten auffaßte, ganz besonders darum zu tun war, daß er sich gleich bei mir in der Stunde als vollkommen einverstanden mit den religiösen Wahrheiten, die ich ihm vortrug, zeige, da ich bei ihm nichts dem Leben überlassen wollte oder durfte), ausgemacht hatte, daß er nicht etwa dieses oder jenes mir zu liebe bis auf weiteres möge dahingestellt sein lassen, oder nur darum annehmen, weil ich es ihm sage, so fehlte es ganz natürlich nicht an Oppositionen und Einwendungen. Indessen kamen diese alle aus einem so unbefangenen Herzen, trugen alle das Gepräge der Gutmütigkeit in so hohem Grade an sich, daß ich daraus nur das Bestreben, seiner Sache gewiß zu sein, nicht das, bloß einen Widerspruch einzulegen, wahrnahm. Gerne war ich daher bereit, aufzubieten, was ich vermochte, um diese heilsdurstige Seele zu befriedigen, und ich will hier aus den mancherlei Notizen, die ich mir über den Gang seiner religiösen Bildung nach jeder Lehrstunde machte, einige mitteilen.

Am 24. Oktober 1832 redeten wir unter anderen davon, daß Gott, von dem alles herkomme, das aller vollkommenste Wesen sein müsse. Hauser schien im Anfang damit einverstanden. Aber auf einmal fing er an: „Wie ist es doch möglich, daß der vollkommene Gott so etwas Böses schaffen konnte, wie die Schlange, durch welche die ersten Eltern verführt wurden, und den Apfel, durch dessen Genuß sie in ein so großes Elend kamen!" Ich schlug darauf die Bibel auf, und bemerkte ihm, daß Gott ja den Baum nicht für den Menschen geschaffen habe, und eben deswegen denselben ausdrücklich warnte, nicht davon zu essen, weil er gerade ihm schädlich sei. Daraus folge noch keineswegs, daß er an und für sich böse gewesen wäre. Ferner käme es auch nicht darauf an, anzunehmen, daß die Schlange ausdrücklich gesprochen habe, wie wir Menschen sprechen. Die Eva könne auch die Worte, welche nach der mosaischen Darstellung der Schlange in den Mund gelegt werden, bei sich selbst gesprochen haben, indem sie die Schlange behaglich von dem den Menschen verbotenen Baum fressen sah. Gott habe jeder Art von Geschöpfen ihre eigentümliche Nahrung angewiesen, und zu dem Menschen darum warnend gesprochen, weil derselbe nicht bloß einem tierischen Trieb, sondern freier, auf Gründen beruhender Wahl zu folgen habe. Und wenn wir auch annehmen, die Schlange habe wirklich gesprochen, so liege in der Art und Weise, wie sie sich an die Eva wandte, durchaus nichts Gott Unanständiges, und es sei nicht in ihm die Ursache des menschlichen Falles zu suchen, sondern in dem Menschen selbst, der die von Gott ihm anerschaffene Freiheit mißbrauchte, und eben deswegen auch alle traurigen Folgen seiner Tat hätte tragen müssen. Hauser zeigte sich damit zufrieden, und wir schieden, nachdem wir vorher unser Schlußgebet gesprochen hatten, auseinander.

Am 26. Oktober hatte er wieder Lehrstunde, und am Ende derselben brachte er den erst vor zwei Tagen besprochenen und nach meiner Meinung abgefertigten Gegenstand abermals zur Sprache, wiederholte in Betreff des Baumes der Erkenntnis des Guten und Bösen seine frühere Bemerkung, und wollte Gott die Schuld des Bösen in der Welt beilegen. In diesem Augenblick trat eines meiner Mädchen, mit Namen Julie, ins Zimmer, und fragte mich irgend etwas Gleichgültiges. Ich beantwortete ihre Frage, und wendete mich an Hauser etwa so: „Sehen Sie, lieber Hauser, dieses Mädchen, welches ich, als mein Kind, herzlich liebe. Glauben Sie wohl, daß ich ihm etwas versagen werde, wenn ich sehe, daß es ihm nützlich ist, oder daß ich etwas ihm Schädliches in seiner Nähe stehen lasse, ohne es vor dem Gebrauch desselben zu warnen?

Warnt man nicht auch Sie, mein lieber Freund vor gefährlichen Sachen, indem man Ihnen die damit verbundenen Nachteile für Sie sagt? Nehmen Sie nun an, ich stelle, ehe wir miteinander fortgehen, zwei Gläser mit roter Flüssigkeit auf unseren Tisch, welche sich durch ihre äußere Form genau unterscheiden. In dem einen sei roter Wein, aber es sei weniger schön, als das andere, in welchem sich rote Farbe befindet. Ehe ich gehe, bemerke ich der Julie: *Siehe liebes Kind, aus diesem Glas da, ob es gleich schön ist, darfst du nicht trinken, es ist etwas für dich Schädliches darin. Hüte dich also davor, und beweise mir dadurch deinen Gehorsam. Wenn du aber aus dem anderen, weniger schönen Glas trinken willst, so sei es dir erlaubt, es ist roter Wein darin.* Nun gehen wir beide fort. Julie aber, die allein ist, betrachtet die Gläser und denkt: *Es ist doch recht sonderbar, daß mir der Vater das schöne Glas verbietet,* betrachtet es lange, tritt näher, und immer näher, berührt es mit der Hand, faßt es an, trinkt daraus und – schreit laut auf, denn es ist eine ätzende rote Flüssigkeit darin, wodurch sie sich den ganzen Mund verbrennt, und sehr krank darauf wird. Wer trägt die Schuld?"

Hauser war gleich mit der Antwort da: „Die Julie!" und setzte hinzu: „Nun verstehe ich das auch mit dem Baum im Paradies, und sehe, daß ich nur noch nicht recht darüber nachgedacht habe, als ich meinte, der liebe Gott hätte den Baum nicht schaffen sollen. Der Baum hat keine Schuld, und der liebe Gott auch nicht, sondern die Menschen, die davon aßen."

Mit der Ewigkeit Gottes wollte Hauser nur insofern einverstanden sein, als er ihm zwar kein Ende, aber doch einen Anfang mit und zu einer gewissen Zeit beilegen zu müssen glaubte. Es waren mancherlei Beispiele nötig, um ihm zu zeigen, daß alles mit und in der Zeit Entstandene nur wieder durch ein anderes entstehen kann, daß aber alles, was zeitlich entsteht, den Keim seines Untergangs in sich selber trage, und eben darum auch zu einer bestimmten Zeit aufhören, und daß man bei ernstem Nachdenken über die erschaffenen Dinge endlich auf einen Schöpfer kommen müsse, der die Ursache seines Daseins in sich selber habe, und deswegen nicht aufhören könne, weil er nicht gleich den anderen erschaffenen Wesen angefangen habe. Betrachtet man aber den Zweifel Hausers überhaupt, so ergibt sich als Resultat, daß Gefühl für Religion zwar dem Menschen angeboren sei, aber die Kenntnis derselben durchaus erworben werden müsse.

Als wir miteinander von Gottes Allmacht, Allgegenwart und Allwissenheit sprachen, und ich meinem Schüler außer einigen Bibelsprüchen, welche jene göttlichen Eigenschaften lehren, auch einige Bibelgeschichten zum Beweis anführte, so sagte er mir, daß ihm diese Erkenntnis sehr wohltätig sei, und daß er auch in seinem Leben, so kurz es sei – denn als seines Lebens Anfang bezeichnete er seinen ersten Auftritt in Nürnberg – recht ernste Hinweisungen auf sie erhalten habe. Begierig, welche es seien, erzählte er mir den am 17. Oktober 1829 gegen ihn gerichteten Mordversuch und noch eine Veranlassung, bei der er durch eigene Unvorsichtigkeit beinahe sein Leben verloren hätte. Mit dem letzteren verhielt es sich folgendermaßen: Hauser wohnte damals im Haus des Herrn * * * in Nürnberg, und hatte eine Aufgabe auszuarbeiten, zu der er eines Buches bedurfte, welches auf einem Brett an der Wand eines Zimmers stand. Er stieg auf einen Stuhl und fiel gerade, als er das Buch von seinem Ort herablangen wollte, selbst herab. Im Fallen riß er aber eine an der Wand hängende geladene Pistole herunter, deren Schuß ihn an der rechten Schläfe ziemlich verwundete. Ich habe die Narbe dort selbst gesehen und gefühlt. „Bei diesen beiden Gelegenheiten" meinte er, „habe ich doch recht deutlich sehen müssen, daß Gott alles weiß, und überall ist, und viel mächtiger ist, als die Menschen. Ich wäre gewiß getötet worden ohne ihn, während ich jetzt nur mit Narben davon gekommen bin."

Bei der Gerechtigkeit Gottes fiel es dem Hauser auf, daß der liebe Gott, wie er ihn gewöhnlich nannte, es doch so manchem guten Menschen nicht gar gut, sondern oft recht übel gehen lasse. Er selber kenne solche. Als ich ihm aber den Unterschied zwischen äußerem und innerem Glück auseinandersetzte, da sagte er: „O wie will ich mich hüten, böse zu sein, damit ich mir meinen inneren Frieden erhalte. Mit diesem kann ich arm und äußerlich recht elend, im Herzen aber doch ruhig sein, und mein Elend eher tragen, als wenn ich ein Bösewicht bin!"

Als von der Güte Gottes die Rede war, so war Hauser unerschöpflich in Bemerkungen über dieselbe, und versicherte, daß er dieselbe in seinem Leben ganz vorzüglich erfahren habe. „Der liebe Gott", sagte er, „gibt mir weit mehr, als ich verdiene und brauche. Gewiß will er mir dadurch zu verstehen geben, daß ich gegen die Menschen recht gütig sein soll. Ich will es aber auch sein." Ich habe manche Gelegenheit bemerkt, bei der er diese Gesinnung durch die Tat bewährte, und auch von sehr achtbaren Personen dieses Zeugnis über ihn vernommen.

Die Gnade Gottes leuchtete ihm, besonders, als ich ihn auf sich selbst verwies, und zur ernsten Selbstprüfung aufforderte, vollkommen ein, „denn", sagte er, „ich bin bei weitem noch nicht so gut, als ich vor Gott sein sollte, ich habe noch recht viel an mir zu tun, und der Herr Meyer muß oft viel Geduld mit mir haben." In einer Unterrichtsstunde, wo wir von den Engeln, dem Teufel, der Sünde sprachen, fand ich bei Hauser für die Lehre von den ersteren viel Empfänglichkeit. Aber über den Teufel machte er mir folgende Bemerkung: „Es ist doch recht sonderbar; niemand hat noch einen Teufel gesehen, und doch wollen ihn die Leute abbilden. Sie malen ein ganz häßliches Gesicht, mit Bockshörnern, einen sonderbaren menschlichen Leib, mit Bocksfüßen, und einem langen Schweif. Sagen Sie mir doch, ob denn das das rechte Bild vom Teufel ist?" Ich sagte zu ihm, ob er wohl eine häßlichere Figur sich denken könne, als die, welche durch eine solche Zusammensetzung entstehe? Als er das verneinte, so sagte ich ungefähr so: „Lieber Hauser, um dem Menschen das Böse recht verächtlich zu machen, muß man auch für das Auge das allerhäßlichste und abstoßendste Bild wählen. Wenn Sie nun wieder eine Abbildung wie die eben von Ihnen beschriebene, sehen, so denken Sie ja nicht, daß Sie etwa ein Portrait von einer Person sehen, die jemand gesehen hat, sondern lassen Sie sich immer dabei einfallen: *So häßlich würde ich in den Augen Gottes sein, wenn ich ein böser Mensch wäre.*" Hauser war zufrieden gestellt und versprach, immer ein recht guter Mensch zu sein.

In Bezug auf die Sünde bemerkte er: „Hier ist mir immer etwas aufgefallen. Es ist doch recht sonderbar, daß Gott dem Menschen den Gedanken des Bösen eingab." Als ich ihn fragte, woher er denn das wisse, daß Gott dem Menschen den Gedanken des Bösen eingäbe, so sagte er: „Die Menschen handeln ja böse, und wenn sie die Gedanken dazu nicht hätten, so würden sie nicht böse handeln." Ich bemerkte ihm, daß Gott dem Menschen zwar das Denkvermögen, aber durchaus nicht den bösen Gedanken eingegeben, daß er in ihm nicht eine Schachfigur – dieses Beispiels bediente ich mich, weil ich wußte, daß Hauser Schach spielte – sondern ein Wesen geschaffen habe, das vollkommene Freiheit zu wählen besaß, was man ohne alle Kunst und Deutelei daraus schließen könne, daß Gott bei dem Baum im Paradies, von dem wir ja bereits gesprochen hätten, den Menschen vor dem Mißbrauch seiner Freiheit durch die Darstellung der Folgen desselben gewarnt habe. Durch die Auseinandersetzung dieser Gedanken beruhigte ich Hauser zwar ziemlich, jedoch merkte ich, daß ich anschaulicher werden mußte, um ihm ganz deutlich zu sein. Ich mußte also in die Welt der äußeren Erscheinungen heraus, und *ad oculos* demonstrieren. Da wählte ich denn das Beispiel eines Messers oder einer Schere, mit welchen Instrumenten der Mensch ebensogut seinen Nutzen fördern, als sich tödlich verwunden könne, und fragte meinen Schüler: „Was würden Sie wohl zu einem Menschen sagen, der sich mit einem Messer in den Finger schneidet, und im Schmerz ausriefe: *Ach wenn es doch keine so gefährlichen Instrumente gäbe! Der Verfertiger derselben ist doch ein recht eigener Mensch, daß er sie machte!*"

Hauser lachte und sagte: „Ich würde ihn damit auslachen und ihm sagen: *Warum hast du denn auch das sonst so nützliche Instrument so ungeschickt gebraucht?*" – „Und", sagte ich darauf, „wenn Ihnen nun jemand einen Einwurf der Art machte, wie Sie mir ihn eben über Gott gemacht haben, daß es sonderbar von ihm sei, daß er dem Sünder den Gedanken des Bösen eingegeben habe?"– „So würde ich", sagte Hauser, „zufriedengestellt, ihm antworten, wie Sie mir, und er müßte dann zufrieden sein, wie ich es jetzt bin!"

Besonders stark und entrüstet sprach sich aber Hauser bei Gelegenheit des zweiten Gebotes gegen diejenigen

Menschen aus, die einen falschen Eid schwören, oder eine eidliche Versicherung oder Zusage brechen. Solche, meinte er, könne man gar nicht hart genug bestrafen.

In v. Feuerbachs Buch über Hauser kommen folgende Stellen vor: Es heißt S. 119-120. *Sah er*[6] *einen Pfarrer, so geriet er in Schreck und Entsetzen. Fragte man ihn um die Ursache, so antwortete er: „weil mich diese Leute schon sehr gepeinigt haben." – In Kirchen war es Kaspar ebenfalls gar nicht wohl zumute. Die Kruzifixe darin erregten ihm ein entsetzliches Schaudern, indem seine Vorstellung noch lange Zeit den Bildern unwillkürlich Leben verlieh. Das Singen der Gemeinde dünkte ihm ein widerliches Schreien. Zuerst, sagte er einmal nach einem Kirchenbesuche, „schreien die Leute, und, wenn diese aufhören, fängt der Pfarrer zu schreien an."* Man könnte in diesen Äußerungen Zeichen der Frivolität, und wenig Anlage zur Religiosität erblicken, wenn man in Hauser sich den 17-18jährigen Jüngling dächte. Allein, da er von diesem nur den Körper, vom Kind dagegen die Seele hatte, so fällt dieses Bedenken weg. Und das um so mehr, als sich Hausers Urteil und Ansicht hierin durchaus geändert hat. Ich hatte Gelegenheit, das zu bemerken, als wir vom dritten Gebot miteinander redeten. Er erzählte mir bei dieser Gelegenheit, daß er die Erlaubnis habe, in einem Zimmer des Appellationsgerichts, dessen Fenster in die Kirche gingen, die Sonntagspredigt anzuhören. Gerne gehe er dahin, weil er nach seiner Überzeugung da andächtiger sein könne, als zu Hause in seinem Zimmer, wo ihm immer Allerlei einfalle, was nicht zum Beten

---

[6] Hauser.

gehöre, und wo es ihm auch schon geschehen sei, daß er durch Besuche an der Übung seiner Andacht gestört wurde. Um zu sehen, mit welchem Erfolg Hauser die Kirche besuche, unterhielt ich mich öfters mit ihm über die am Sonntag vorher gehaltene Predigt, und bemerkte mit Vergnügen, daß er den religiösen Vorträgen mit Andacht und Aufmerksamkeit beiwohne. Bisweilen erzählte er mir auch unaufgefordert, welchen Eindruck die Sonntagspredigt auf ihn machte. Es wird wohl hier kaum notwendig sein, zu erwähnen, daß ich hierbei nicht die von mir gehaltenen Reden meine, weil diese meine Darstellung sonst in doppelter Beziehung als Eitelkeit betrachtet werden könnte; sondern ich rede hier von meinen hiesigen Herren Kollegen, die gewöhnlich des Vormittags predigen.

Das vierte Gebot erfüllte mich, als ich mich mit Hauser darüber unterhielt mit Wehmut. Er hatte ja seinen Vater und seine Mutter nie gesehen und gekannt. Er beneidete meinen kleinen Wilhelm, der öfters ins Zimmer zu mir kam, daß dieser einen Vater habe. Aber sein Gefühl sprach sich nicht etwa aus, wie bei einem Menschen, der seine Eltern, die er kannte, durch den Tod verloren hat. Es war nicht jene Wehmut, die einen solchen durchdringt, welche sich in Hauser regte, sondern mehr die Sehnsucht nach einem zwar noch nicht empfundenen, aber doch von anderen ganz besonders süß geschilderten Genuß. Hätte ich im gegebenen Fall nicht lieber das Verhältnis der Eltern und Kinder nur flüchtig andeuten sollen, um Hausers Gemüt zu schonen? Manche mögen es glauben. Ich war und bin entgegengesetzter Meinung. Der Schleier über Hausers Schicksal konnte bei seinen Lebzeiten noch

zerrissen und Vater und Mutter vor ihm stehen, als über-
glückliche Menschen, die ihr geraubtes und nun wiederge-
fundenes Kind an die hochklopfende Brust drückten, oder
sie konnten vor ihm stehen als die entlarvten Tyrannen,
die schändlich genug ihr Kind einem äußerlichen Gewinn
opferten, oder sie konnten ihn als gute oder böse Menschen in der Ewigkeit erwarten. Jeden dieser Fälle hatte
ich vor Augen, als ich das Kindesgefühl in ihm zu wecken
bemüht war. In jedem dieser Fälle sollte Hauser den
Christen im wahren Sinne des Worts darstellen. Bis aber
die Zukunft hell und klar werden würde, sollte er – das
war mein Bemühen – den Himmelsvater als seinen Vater
desto inniger verehren, und seine kindliche Liebe denen
weihen, die ihm Vater- und Muttersorge gaben.

Als wir einmal auf die Rachsucht zur Rede kamen, so
fand ich bei ihm keinen Anknüpfungspunkt. Er kannte
ihre Regungen nicht, und ich glaube, daß niemand diese
Untugend, die so gewöhnlich unter den Menschen teils als
Gesinnung, teils als Wort, teils als Tat sich ausspricht, an
ihm bemerkt hat. Ich wenigstens müßte der Wahrheit
untreu werden, wenn ich ihm nicht hier öffentlich das
Zeugnis gäbe, daß er nach meinem Urteil keines Rache-
gedankens fähig, ja daß er denselben als entehrend für den
Menschen und höchst töricht hielt. „Denn“, sagte er unter
anderem, „das ist doch recht töricht, wenn ich an einem
Menschen das zu tun wünsche, was ich schlecht und
lieblos nannte, als er es an mir tat!“

Bei dem sechsten Gebot sprach sich Hauser recht
kindlich aus, und meinte, das ginge ihn gar nichts an, da
er nicht verheiratet sei, und sich auch nicht verheiraten
werde, weil er gar nicht absehe, was man eigentlich mit

einer Frau anfange. Es werde ihm alles, was er nur immerhin brauche, gereicht, und wenn er mit Frauenzimmern reden wolle, so könne er das ja auch tun. Da ich ihm erklärte, er könne ja nicht wissen, was noch in Zukunft aus ihm werde, und was er dann tun würde, und ich müsse ihm deswegen durch das sechste Gebot jenen Sinn empfehlen, der nur das denkt, redet und tut, was Gott und die Menschen immer sehen dürften, ohne die Liebe und Achtung vor uns zu verlieren: so hörte er mich aufmerksam an, und ließ sich's gefallen.

Das achte Gebot gab ihm besondere Veranlassung, sich darüber auszusprechen, welche Torheit und wie böse das sei, etwas, das einem als Geheimnis anvertraut werde, weiterzusagen. Nicht einmal im größten Vertrauen dürfte es geschehen. Was einem anvertraut werde, das müsse man für sich behalten, sonst verdiene man gar kein Vertrauen. Der vollendete v. Feuerbach sagt S. 119 in seinem mehrfach angeführten Buch, worin er Hausers früheren Seelenzustand schildert, nachdem er von den Bemühungen Daumers, demselben zur Gotteserkenntnis zu verhelfen, und von den vielen Schwierigkeiten, die ihm seines Schülers Zweifel verursachten, gesprochen hat: *Aus diesem wenigen mag man nun schließen, wie es vollends mit der positiven Religion, mit der christlichen Dogmatik, mit dem Geheimnis der Versöhnungslehre und anderen dergleichen Lehren stand.* Feuerbach selbst glaubte anfangs, ich würde gerade mit diesen Lehren vielleicht am wenigsten auf Hauser wirken können. Allein die Übung zeigte es anders.

Gerade hier sprach Hauser das meiste, das erhabenste Gefühl aus, gerade hier zeigte er eine Rührung und einen

Eifer, der jedem, der ihn so sah, wie ich, zur Bewunderung hingerissen hätte. Seine Tränen flossen unzählig bei der Erzählung der Geschichte Jesu Christi, sein Wort und seine Gebärde drückten die tiefste Ehrfurcht, die heiligste Bewunderung gegen den leidenden Erlöser aus. Da ich ihm früher im einzelnen die Entzweiung des Menschen mit Gott und das aus derselben hervorgehende Bedürfnis der Vermittlung und Versöhnung nachgewiesen, da ich ihm aus seinem eigenen Innern den Beweis dafür geliefert hatte, so begriff er leichter, als ich dachte. Zwar meinte er einmal, Gott hätte ja auch ohne den grausamen Tod des unschuldigen Jesu Christi uns Menschen von der Sünde lossprechen, und mit der verlorenen Seligkeit wieder beschenken können, ein Bedenken, das sich im natürlichen Menschen so oft und vielfach ausspricht. Allein, da ich mich bei meinem Schüler weder in weitläufige philosophische Deduktionen, noch in dogmatische Demonstrationen einlassen durfte, denen sein geistiges *Ich* nicht gewachsen war, so mußte ich, auf eine künftige weitere Entwicklung seiner Geisteskräfte bauend, mich nur auf weniges beschränken, was ihm sein Bedenken heben könnte, ohne dabei seine Ehrfurcht vor Gott zu schwächen, oder etwa gar in den Schein zu kommen, ihm etwas aufzudrängen, was sich mit seiner Überzeugung durchaus nicht vereinen könne. Ich schlug daher folgenden Weg bei ihm ein, daß ich ihn zurückführte in die Lehrstunden, wo wir miteinander von Gottes Weisheit, Gerechtigkeit, Gnade gesprochen hatten. „Damals", sagte ich zu ihm, „waren Sie von der Wahrheit dieser Eigenschaften vollkommen überzeugt, und gaben sich zufrieden, als ich Ihnen sagte, diese Weisheit und

Gerechtigkeit wirkten gar oft nicht augenscheinlich für uns, wir müßten sie aber zugeben, weil einesteils ihr Dasein und Wirken sich uns später kundgibt, anderenteils unsere Einsicht viel zu beschränkt sei, sie zu ergründen. Aus diesem letzteren Grunde haben wir Menschen immer die Frage in Bereitschaft, ob denn diese oder jene Begebenheit nicht ebensogut auch anders sich hätte zutragen können, als sie sich wirklich zugetragen hat? Aus eben diesem Grunde, sobald wir einmal die Weisheit Gottes für erhabener, als die unserige erkennen, müssen wir aber annehmen und einsehen lernen, daß das, was er tut, gerade so, wie es geschehen ist, und nicht anders geschehen konnte. Wollen Sie aber auch hier ein in die Augen fallendes Beispiel, so denken Sie sich Christus als denjenigen, der eine fremde Schuld zur Bezahlung freiwillig für den Fall übernommen hat, als der Schuldner nicht zahlen kann, oder als einen Bürgen. Der Schuldner ist das Menschengeschlecht, der Gläubiger ist Gott, die Schuldenlast, der Tod ist durch die Sünde bewirkt. Wenn wir sie bezahlen, dann sind wir ewig verloren. Da sendet uns Gott aus lauter Erbarmen in Jesus Christus seinem eingeborenen Sohn einen Bürgen zu, der unsere Schuld zahlt, den Tod erleidet, ohne demselben zu erliegen, weil er, wie Sie wissen, am dritten Tag wieder auferstanden ist!“ Diese Worte sind indessen nur das Resümee einer weitläufigen Unterhaltung, die ich mit Hauser über diesen Gegenstand hatte, aber aus mancherlei Umständen hier ausführlich weder geben kann, noch will. Es wird aber jeder Unbefangene aus den bisherigen Mitteilungen ersehen, daß es dem nun vollendeten Unglücklichen um religiöse Belehrungen sehr angelegentlich zu tun war, und aus der

Art und Weise seiner Einwürfe ein Gemüt entnehmen, welches voll kindlicher Gefühle war, und einen Geist, der so ziemlich stark mit den Schwierigkeiten seiner Entwicklung zu kämpfen hatte.

Bei der Lehre von den Sakramenten hätte ich mehr Einwendungen von ihm erwartet, als ich wirklich erfuhr. Allein selbst diejenigen, die er machte, waren von weniger Erheblichkeit, und werden darum hier übergangen. Nur das finde noch eine Stelle, daß ich dem Hauser sagte, und auch selbst völlig überzeugt bin, daß wenn die Religion zu nichts weiter Anlaß gibt, als zu dürren, herzlosen Verstandeserörterungen, sie entweder an sich selbst, oder für den, der sich auf keine andere Weise mit ihr zu beschäftigen weiß, aufgehört habe, Religion zu sein, das heißt jenes heilige Band der Ehrfurcht und Liebe, das die Herzen mit dem lieblichsten Zug nach oben hebt, und Trost und Frieden von dort herab, gleich einem milden, erquickenden Frühlingstau in sie herabsenkt. Der Ahnung und dem Glauben muß immer ein weites großes Feld bleiben. Aber dieses ist nicht eine öde Steppe, wie sie der kalte egoistische Verstandesmensch nennt, der von dem sonderbaren Grundsatz ausgeht, *was ich nicht begreifen kann, ist nicht wahr*, sondern es ist eine Aue, mit den lieblichsten Blumen bewachsen, deren herrliche Formen dem Auge wohltun, deren liebliche Wohlgerüche mit verjüngender Kraft auf die Seele wirken, die sich unter ihnen ergeht. Deswegen empfahl ich meinem Hauser ein emsiges, andachtsvolles Lesen in der Bibel, eine besondere Aufmerksamkeit auf den Gang seines Lebens, fleißigen Besuch der Kirche, und frommes, fortgesetztes, demutsvolles Nachdenken über die bereits gehörten religiösen Wahrheiten. Er aber gelobte es mir und wir beschlossen unsere Lehrstunden, welche, wie ich mit Wahrheit in der von mir zum Druck beförderten *Konfirmationsfeier Kaspar Hausers* S. 7. sagte, schöne selige Stunden für mich gewesen sind, um in wenigen Tagen jene Feier zu begehen.

Der 20. Mai des vorigen Jahres war der feierliche Tag, von welchem noch jetzt hunderte als von einem Tag der Erhebung für sie sprechen. Es war Hausers Konfirmationstag. Die angesehensten hiesigen Familien, in welchen mit wahrer Christenmilde kindliche Gefühle in dem Bedauernswerten erweckt worden waren, umgaben ihn und seine Pfleger und Führer, welche ihn auf seinem heiligen Gang in die zum Erdrücken angefüllte Kapelle der schönen hiesigen Gumpertuskirche begleitet hatten. Hier wurde zuerst aus dem bayerischen Gesangbuch das Lied Nr. 2. *Herr vor deinem Angesicht hat die Andacht uns versammelt etc.* von der ganzen Gemeinde gesungen. Hierauf betrat ich, als Religionslehrer und Beichtvater Hausers den Altar, sprach ein Gebet, und hielt zuerst an die ganze Versammlung, sodann an Kaspar Hauser eine kurze Anrede, in welcher ich an den Zweck der Feier erinnerte. Nach Beendigung derselben trug ein Sängerchor unter der Leitung des Stadtkantors Dürrner das Gebet:

> *Schaffe in mir, Gott, ein reines Herz, und*
> *gib mir einen neuen, gewissen Geist; verwirf*
> *mich nicht von deinem Angesicht, und nimm*
> *deinen heiligen Geist nicht von mir.* vierstimmig vor.

Während dieses Gesanges kniete Hauser auf einem Betschemel vor dem Altar. Der Augenblick aber, in welchem er sich niederließ, die Rührung, mit der er im Stillen obige Worte betete, brachten auf die ganze Versammlung eine außerordentliche Wirkung hervor. Aller Lippen regten sich leise; aller Herzen beteten mit ihm und für ihn. Nach Beendigung des Gesangs erhob sich Hauser wieder, und ich richtete nun, in gedrängtester Kürze wiederholend, womit wir uns während der Lehrstunden beschäftigt hatten, das Wort ausschließend an ihn. Wer den Inhalt desselben genau lesen will, der wird sich sein Benehmen in religiöser Beziehung auf dem Sterbebett erklären können, und in einzelnen seiner Äußerungen, an welche sich der Zweifel so gerne hängen möchte, nichts Befremdendes finden.[7] Nach der Konfirmationshandlung sah ich Hauser bei einem freundlichen Familientisch wieder, wozu ich gleichfalls gezogen wurde. Hier bemerkte ich Ernst und stilles Rachdenken an ihm, und eine gewisse Verklärtheit seines Gesichts, die mir sehr wohltat, und woraus ich den Beweis entnahm, daß ihm die christliche Wahrheit zu Herzen gegangen, und eben deswegen der Eindruck seiner Konfirmationsfeier auf ihn ein sehr tiefer, belebender war. Ich machte einen Spaziergang ins Freie mit ihm, und meine Bemerkung war die nämliche. Wie langsamer Nachklang einer zarten Saite erschien mir seine Seele.

---

[7] Ich beziehe mich hier auf das Schriftchen *Kaspar Hausers Konfirmationsfeier am 20. Mai 1833 in der St. Gumpertuskirche etc. Ansbach, 1833*, welches bei J. M. Dollfuß daselbst um 12 Kreuzer zu haben ist.

III.

Mit dem Konfirmationstag kam Hauser auf einige Zeit aus meinen Händen, und ich sah ihn seltener. Immer aber war er gegen mich der Freundliche und Zuvorkommende, der er während der Unterrichtszeit gewesen war. Im Monat November aber trat er, auf den Wunsch Lord Stanhopes, welcher von einem sehr tüchtigen Manne dahier in ihm angeregt worden war, wieder zum Religionsunterricht bei mir ein. Nicht als ob Lord Stanhope, welchem von tüchtigen Leuten, die sich Hausers angenommen hatten, beständig Bericht über denselben erstattet wurde, mit seinen Fortschritten nicht zufrieden gewesen wäre, fand er es im allgemeinen sehr zweckmäßig, diese unmündige Seele auf dem religiösen Gebiet noch nicht sich allein zu überlassen, sondern sie noch tiefer in die Geheimnisse derselben einzuweihen. Um meine Ansicht darüber befragt, mußte ich natürlich beistimmen, und war der Meinung, meinen wieder neueingetretenen Schüler durch fleißiges Lesen und Erklären der Bibel zu diesem Ziel zu führen. Dabei wollte ich ihn aber auch mit der äußeren und inneren Geschichte der Religion vertraut machen, und es war daher auch ein Abriß der Kirchengeschichte, der biblischen Einleitung, der einzelnen Symbole unserer Kirche notwendig. Deswegen wählte ich mir als Lehrbuch dazu: *Anleitung zu einem ausführlichen und gründlichen Unterricht in der christlichen Religion, nach den sechs Hauptstücken des Lutherischen Katechismus für Jugendlehrer und Religionsfreunde bearbeitet von Ernst Christian Pfitzner, Pfarrer zu Neurode und Troßdorf im Herzogtum Gotha; Gotha und Erfurt 1824; in der*

Hennings'schen Buchhandlung, welches ich schon öfters mit großem Nutzen beim christlichen Religionsunterricht höherer Art gebraucht hatte. Bis zur dreizehnten Lehrstunde waren wir bereits vorgerückt, und hatten in dem genannten Buch die S. 1-16 durchgegangen. Auf der 17. Seite, auf welcher unter anderem der Gleichnisse Erwähnung geschieht, in welchen Christus lehrte, weilten wir noch und lasen am 14. Dezember vorigen Jahres, dem letzten, verhängnisvollen Tag, welchen Hauser in meinem Haus teilweise hinbrachte, das 22. Kapitel des Evangeliums Matthäus' vom 1.-14. Vers; wo das Himmelreich in Beziehung auf die Berufung zu demselben mit einem Könige verglichen wird, der seinem Sohn Hochzeit macht, und unter den Gästen einen findet, der das ihm gebotene Festkleid verschmäht hatte, und darum als unpassend zu den übrigen Erschienenen für unwürdig erklärt wird, in ihrer Gesellschaft zu sein. Vers für Vers betrachtete ich mit Hauser auf das ernsteste den berührten evangelischen Abschnitt, und fand bei ihm, wie immer, wenn er in meinen Lehrstunden war, ungeteilte, emsige Aufmerksamkeit.

Doch es sei mir gestattet, ausführlicher über alles zu reden, was sich in dieser Zeit, die Hauser bei mir zubrachte, zugetragen hat; denn ich halte es für entscheidend im Urteil über seine Katastrophe.

Am 14. Dezember vorigen Jahres also kam Kaspar Hauser, es war an einem Sonnabend, morgens 8¼ Uhr zu mir, um wie gewöhnlich an diesem Tag seine Religionsstunde zu nehmen. Als er kam, war ich eben beschäftigt, meinen Tisch, an dem wir dieselbe hielten, abzuräumen. Ich hatte nämlich für meine Kinder einige

Bilderbögen gekauft, deren Figuren ich ausgeschnitten, und auf starkes Aktendeckelpapier aufgezogen, ferner auf kleine Hölzchen zum Aufstellen aufgeleimt hatte. Zu diesen Figuren nun wollte ich Kästchen von Pappendeckel machen. Hierzu mußte ich aber, weil sie zu den Weihnachtsgeschenken gehörten, welche bis zum Empfang unbekannt bleiben sollten, die Abendstunden wählen, wo die Kinder zu Bett lagen, und die Morgenstunden, wo sie noch schliefen. Daher fand mich denn auch Hauser am 14. Dezember als er morgens kam, in der oben angegebenen Beschäftigung. Nach den gewöhnlichen Begrüßungen zeigte ich ihm ein bereits fertiges Kästchen und sagte: „Da sehen Sie, lieber Kaspar, wie sehr ich mich plagen muß; ich pappe hier Schachteln. Es kommt mir aber hart an, da ich, wie Sie schon aus der Form dieses Kästchens hier sehen werden, in Arbeiten der Art gar nicht erfahren bin." Hauser betrachtete das Kästchen, lächelte, schüttelte den Kopf und meinte: „Ja ich sehe es! Doch", setzte er hinzu, „für das erste Mal ist es doch nicht übel!" – „Ja", sagte ich zum ihm, „ich bin aber dennoch in einiger Verlegenheit. Meine Frau hat den Wunsch ausgesprochen, ein hübsches Pappendeckelkästchen zur Aufbewahrung ihrer Locken zu besitzen. Ich wäre bereit, ihr ein solches zu kaufen, wenn ich nicht wüßte, daß es, von mir selbst gearbeitet, doppelten Wert für sie hätte. Sie sehen aber selbst, lieber Kaspar, welche Figur aus meinen Händen hervorgehen wird." Mit seiner angenehmen und bekannten Gefälligkeit antwortete mir Hauser auf der Stelle: „Da lassen Sie sich von mir helfen; ich kann es, denn ich habe es bei Schnerr in Nürnberg gelernt; ich will es Ihnen gleich zeigen!" – „Jetzt nicht, lieber Kaspar", sagte ich, „wir haben jetzt etwas Wichtigeres zu tun; wir wollen unsere Religionsstunde halten!" Wie gewöhnlich, ohne die leiseste Widerrede, fügte sich Hauser, sprach sein Anfangsgebet, und wir hielten unsere Stunde. Nicht die mindeste Zerstreutheit war hierbei bemerkbar, sehr aufmerksam hörte er mir zu, als ich ihm die oben angeführte neutestamentliche Stelle erklärte. Um 9¼ Uhr schloß ich, und Hauser ging, nachdem er sein Schlußgebet gesprochen, von mir weg, und ich scherzte ihm nach, weil er von vielen Arbeiten sprach, die er noch auf dem Appellationsgericht bei Herrn Inspektor Meyer habe: „So wünsche ich, daß Sie einmal Appellationsgerichtsrat werden! Aber vorher müssen Sie mich noch in Papparbeiten unterrichten." Er versprach, heute noch den Anfang damit zu machen, und gleich nach Tisch wieder zu kommen.

Noch hatte es nicht 1 Uhr geschlagen, als mein Kaspar schon wieder bei mir war. Ich war noch nicht auf meinem Zimmer. Bis ich kam, unterhielt er sich mit meinem ältesten Sohn, dem Gymnasialschüler Geißmann, und ich fand beide, als ich vom Mittagstisch kam, im sehr heiteren Gespräch miteinander. Nun sollte es frisch an die Arbeit gehen, aber es waren noch keine Pappendeckel bei der Hand. Ich bot mich an, mit Kaspar fortzugehen, und welche zu holen, sagte aber zu ihm, da ich zum Ausgehen noch nicht angezogen sei, könne er mir diesen Gang ersparen, und die Pappendeckel bei der Kaufmannswitwe Loschge, welche nur 40-50 Schritte von meinem Haus entfernt wohne, selbst aussuchen. Er war damit einverstanden, ging und kam eher, als ich es vermutete mit zwei starken Pappendeckeln wieder zurück. Nun setzte er sich an den Tisch, zog sein Taschenmesser heraus, und fing an zuzuschneiden, und zwar mit der rechten Hand, immer dabei mich belehrend. Über dieser Arbeit wurde es nahe an 2½ Uhr. Ich sah auf die Uhr und sagte: „Lieber Kaspar, ich werde jetzt einen Augenblick in der Kirche nachsehen, ob sich niemand zur Kommunion bei mir angemeldet hat. Da es aber nicht schön Wetter ist, sondern, wie ich sehe, etwas schneit und regnet, so wird wohl niemand ge- kommen sein, und ich werde daher recht bald wieder zurück sein. Arbeiten Sie unterdessen fort, und lassen Sie sich die Zeit nicht zu lange werden!" – „Ich gehe auch fort", sagte er, und als ich ihn fragte, wohin, so antwortete er mit aller Unbefangenheit: „Zu Fräulein L. v.* * *, wo es wohl auch eine ähnliche Arbeit, ich glaube an einem Licht- oder Ofenschirm, geben wird.[8] Sie können aber, (mir einige Handgriffe zeigend) schon allein fortarbeiten. Morgen nach Tisch werde ich wiederkommen, und weiterarbeiten. Ich lasse meine Sachen bei Ihnen liegen. Wenn Sie auch nicht zu Hause sind, so macht das gar nichts. Lassen Sie mir nur ihren Zimmerschlüssel zurück; die Frau Pfarrerin soll nicht erfahren, was ich mache." – „Gut", sagte ich; „aber ich habe Ihnen die Pappendeckel noch nicht bezahlt; was kosten sie denn?" – „Die sind schon bezahlt", sprach er darauf. Ich erwiderte ihm: „Allerdings! Aber nicht von mir, und ich kann doch meiner Frau nicht eine Unwahrheit sagen, wenn ich ihr das Kästchen gebe; es kommt dann ja nur zum Teil von mir; ich will es ihr aber ganz gegeben haben!" Hauser

---

[8] Später habe ich von der nämlichen Dame erfahren, daß Hauser schon am Donnerstag vorher versprochen hatte, am gedachten Sonnabend nachmittags dorthin zu kommen.

sagte darauf mit seinem Lächeln, in welchem ich immer den Ausdruck der höchsten Liebenswürdigkeit fand: „Aber ich will auch dazu helfen; Sie können ja das der Frau Pfarrerin sagen!" Nach einigem Zögern willigte ich ein, und wir schickten uns zum Fortgehen an. In diesem Augenblick läutet es an meiner Gangtür. Ich öffne, und eine arme Frau bittet mich um ein Almosen, weil sie gar kein Holz habe. Hauser bemerkt das, und ich sehe ihn, von mir weggekehrt in seinem Geldbeutelchen suchen. Während ich der Armen eine Kleinigkeit reiche, gibt er ihr gleichfalls etwas, und fragt mich leise: „Kennen Sie diese Frau, dann will ich ihr mehr geben!" Als ich ihm sagte, daß sie mir unbekannt sei, ließ er es bewenden. Heiteren Mutes gingen wir nun die Treppe hinab, und als wir unten angekommen waren, sagte ich zu ihm: „Sie könnten jetzt durch meinen Garten gehen, dann wären Sie schneller bei Fräulein L. v. * * *. Indessen es ist da schmutzig, und der Herr hat junge Beine; kann schon einen kleinen Umweg machen, und mich noch ein Stückchen Wegs begleiten!"Herzlich lachend willigt Kaspar ein, und wir gehen Arm in Arm fröhlich plaudernd bis an das Haus der genannten Witwe Loschge miteinander. Dort trennte uns der Weg. Kaspar ging geradeaus, schüttelte mir zum Abschied die Hand mit wahrhaft kindlicher Freundlichkeit, und ich bog links in die Gasse ein, die zu meiner Kirche führt.

Als ich dort kein Geschäft für mich fand, besuchte ich die unter meiner Aufsicht stehende Kleinkinderschule, traf dort mit der Wärterin einige Voranstalten zum heiligen Christ für meine Kleinen, und ging hierauf nach Hause, wo ich einige nötige Arbeiten besorgte. Während ich damit beschäftigt bin, stürzen zur einen Tür meines Zimmers meine Magd, zur anderen meine älteste Tochter herein, und rufen beide: „Wissen Sie es schon? Der Hauser ist im Hofgarten erstochen worden!" – „Im Hofgarten?" frage ich zweifelnd und erschrocken. „Ja, im Hofgarten", erhalte ich zur Antwort, will es aber immer noch nicht glauben. Endlich (es war nahe an 5 Uhr) lege ich meine Arbeit beiseite, laufe mehr, als ich gehe, in das Haus des Schullehrers Meyer, welchem bekanntlich Hauser übergeben war, und finde leider die mir gewordene traurige Nachricht bestätigt. Drei Ärzte waren daselbst, ferner eine Stadtgerichts- und eine Polizeikommission. Meine erste Frage war nach der Gefährlichkeit der Wunde, und die Antwort, die ich erhielt, war: „Die Wunde sei zwar nicht tief, indessen könne man über ihre Gefährlichkeit noch kein bestimmtes Urteil fällen." Es ist aber hier zu bemerken, daß bis zur Ankunft jener Herrn Ärzte, die sehr tiefe und absolut tödliche Wunde, sich wahrscheinlich von innen geschlossen hatte, weswegen sie mit der Sonde nicht mehr genau untersucht werden konnte. Indessen ging ich in Kaspars Zimmer. Aber wie erschrak ich über ihn. Bleich, entstellt, ein Bild des Schreckens lag er in seinem Bett, das Gesicht gegen die Wand gekehrt. Ich schleiche zu ihm, und als er sich wendet, und mich starr ansieht, sage ich zu ihm: „Kaspar, lieber Kaspar! Was ist Ihnen geschehen? Ach! Wie finde ich Sie!" Kaspar, ohne den Blick zu wenden, ruft ängstlich mit äußerst gedämpfter Stimme: „Herr Meyer! Herr Meyer!" – „Kaspar, lieber Kaspar", wiederhole ich, „kennen Sie mich denn nicht! Ich bin ja nicht der Herr Meyer, ich bin Fuhrmann, Ihr Lehrer, Ihr Freund, bei dem

Sie ja erst vor ein paar Stunden so froh und zufrieden gewesen sind!" – „Herr Meyer, Herr Meyer!" wiederholte, mit dem Stöhnen eines Sterbenden Kaspar, und setzte hinzu: „Die Mutter soll kommen! Die Mutter soll kommen! Die Mutter!" Diese Worte sprach er mit der größten Hast, und wie seine Gebärden zeigten, ohne ihren Sinn zu wissen. Auf meine Frage, wen er denn unter der Mutter meine, zeigte man mir die Frau Polizeikommissar K., Herrn Meyers würdige Schwiegermutter, welche im Zimmer war, und an welche, weil sie seiner in Verbindung mit der Familie Meyer immer so liebreich und teilnehmend gepflegt hatte, Kaspar eine wahrhaft kindliche Anhänglichkeit hatte. Frau K. trat nun an Hausers Bett, beugte sich mit aller Liebe einer Mutter über ihn hin, und fragte ihn auf das zärtlichste: „Was wollen Sie denn, lieber Hauser, was fehlt Ihnen denn?" – „Die Mutter soll kommen! Die Mutter!" und ein sehr ängstliches Stöhnen war die Antwort. Gleich darauf legte er sich wieder auf die Seite, und schien zu schlummern, ich aber verließ sein Zimmer, und ging in ein anderes, wo ich den seidenen Beutel, auf den Hauser nach den Äußerungen der Anwesenden soviel Gewicht legte, sah, und die auf ein darin gelegenes Duodezblättchen feines Schreibpapier von der Rechten zur Linken mit Bleistift geschriebenen Zeilen las, die wörtlich also lauten:

Hauser wird es euch ganz genau erzählen können, wie ich aussehe, und woher ich bin. Denn[9] Hauser die Mühe zu ersparen, will ich es euch selber sagen, woher ich komme

---

[9] Dieses ist der einzige orthographische Fehler in den verruchten Zeilen.

– – Ich komme von – – der Bayerischen Grenze – – – Am Flusse – – –

Ich will euch sogar meinen Namen sagen: M. L. O.

Da ich nun noch nichts Genaueres über den Hergang der Sache wußte, so erkundigte ich mich, nachdem ich den Brief gelesen, nach dem Zusammenhang der Umstände, und erfuhr Folgendes: Hauser stürzte, als eben Herr Meyer im Zimmer bei seiner Gattin stand, welche gerade in einem für jeden Schrecken ungeeigneten Zustand sich befand, mit starr geöffneten Augen, atemlos herein, die Arme nach seinem Pfleger ausstreckend, der nicht wußte, ob er die einer Ohnmacht nahe Gattin, oder seinen, wie einen Wahnsinnigen sich gebärdenden Pflegling zuerst ansehen sollte. Mit Schrecken und dem Ausruf des Entsetzens bemerkte Herr Meyer alsbald, daß Hauser unterhalb des Herzens blute, und einen Stich habe. Auf das angelegentlichste und eindringlichste fragte er ihn, wo ihm denn das geschehen sei? Aber statt aller Antwort deutete Hauser durch Zeichen an, daß er nicht imstande sei, zu sprechen, faßte Herrn Meyer hastig beim Arm, und zog ihn mit heftiger Gewalt mit sich fort, die Stiege hinunter, zum Haus hinaus durch die Reitbahn und das Schloß. Da er noch so schnell zu gehen vermochte, und sonst nicht kraftlos erschien, so glaubte Herr Meyer nicht, daß es Gefahr mit ihm habe. Unterwegs fragte er ihn oft, wo denn seine Verwundung geschehen sei, konnte aber keine Antwort aus ihm herausbringen, da er nach allen Zeichen nicht sprechen konnte, sondern nur immer weiterzugehen verlangte. Herr Meyer gibt mit Mühe nach, und als sie an die außerhalb des Schlosses auf dem

Schloßplatz gelegene sogenannte offene Reitschule kommen, fragt Herr Meyer, Unsicherheit an Hausers Gang bemerkend: „War's vielleicht im Hofgarten?" und kehrte, als Hauser es durch deutliche Zeichen bejahte, mit ihm um. Auf dem Rückweg fing Hauser an, in abgebrochenen Worten zu sprechen, woraus man abnehmen konnte, daß ihm ein großer Mann im Mantel mit schwarzem Schnurr- und Backenbart beim Uz'schen Denkmal einen Beutel gegeben und einen Stich versetzt habe, und daß er den Beutel habe fallen lassen. Bei den letzten Worten wollte er wieder umkehren, und den Beutel holen. Herr Meyer gab das aber nicht zu, sondern brachte unter dem Versprechen, der Beutel solle geholt werden, den Verwundeten nach Hause, wo er auch sogleich zu Bett gebracht wurde.

Ärzte, Polizei, Stadtgericht wurden nun von der Sache in Kenntnis gesetzt, und nach dem Beutel sogleich fortgeschickt, den man auch am Fuß des Uz'schen Denkmals wirklich vorfand. Dieser Beutel, länglich-viereckig, ist ohne besondere Kunst aus lila-blauem Seidenzeug zusammengenäht, und mit weißem Seidenzeug gefüttert, hat oben einen Zug durch welchen zwei Schnürchen gezogen sind. Darin nun fand sich das oben angegebene Briefchen, oder vielmehr Zettelchen. Mit dem Beutel selbst verhielt es sich etwa so: Während Hauser, der nach seiner Angabe von einem ihm unbekannten Fremden, allen Umständen nach bei schwerem Verbot, etwas davon zu entdecken, an das Uz'sche Denkmal, vielleicht unter dem Vorwand bestellt war, daß ihm nun sein ganzes Schicksal bekanntgemacht, und alle Aufschlüsse, nach denen er sich sehnte, gegeben würden, den fraglichen

Beutel, welchen der Fremde fallen ließ, aufheben wollte, erhielt er zwischen die sechste und siebente Rippe auf der linken Seite einen Stich, der, wie die Sektion auswies, äußerst gefährlich, der absolut tödlich war. Ob Hauser nach seiner Verwundung stürzte, und einige Zeit bewußtlos auf dem Boden lag, oder ob er sogleich in einer Art von Todesangst nach Hause rannte, konnte ich nicht ermitteln. Genug, er kam zu Hause an, wie wir aus dem bereits Erzählten wissen.

In derselben Nacht soll er auch die Besorgnis geäußert haben, er werde wohl sterben müssen, was er sich indessen wieder ausreden ließ. Am folgenden Tag war er bei sich, aber stark mit Gelbsucht befallen, und unfähig, ein Gespräch, oder einen Gedanken lange fortzuführen. Er bekam häufige Schwächen.

Am Montag, als am 16. Dezember war ich mittags zwischen 12 und 1 Uhr bei ihm, fand ihn sehr gelbsüchtig, aber heiter, wenn er gleich sehr kurz und schwer atmete, und über Schmerzen in der linken Seite klagte. Er sprach mit mir, meinte, es gehe ihm jetzt besser, und hörte es gerne, als ich ihm bemerkte, wenn er wieder gesund sei, mich ja zu besuchen, und mit seiner Kunst zu unterstützen, ja er gab mir sogar einige belehrende Winke, wie ich unterdessen allein in unserer unterbrochenen Arbeit fortfahren könne. Da ich indessen doch bemerkte, daß ihm das viele Sprechen wehtue, entfernte ich mich, ihm ein christlich-ergebenes aufrichtiges Gebet zu dem himmlischen Vater empfehlend, der es gewiß bald wieder gut mit ihm machen werde. Da ich Kaspar so auf dem Weg einer schnell fortschreitenden Besserung wähnte, glaubte ich, er werde nun nur der Erholung wegen noch einige Tage das

Bett hüten müssen, und nahm mir vor, am nächsten Tag, als am 17. Dezember ihm einen Abendbesuch zu machen, um ihm ein paar Stunden durch Unterhaltung zu verkürzen, und dadurch auch die Nacht ihm weniger lang zu machen. Ich aß zu dem Ende mit meiner Familie, der ich meinen Entschluß bekanntgemacht hatte, nach 7 Uhr zu Abend, und stand mit den Worten vom Tische auf: „Nun will ich mich anziehen und sehen, was mein Kaspar macht." Eben nehme ich den Hut vom Nagel, da pocht es gewaltig an meiner Stubentür, und atemlos tritt Herrn Meyers Magd herein, mit den Worten: „Sie möchten so schleunig als möglich zu Herrn Hauser kommen; er stirbt!" Man kann sich denken, daß ich nicht zögerte. Ich lief trotz Sturm und Regen und Finsternis – es war gegen 8 Uhr des Abends – durch die Straßen, und kam auch wirklich eher als die mich rufende Magd in Hausers Wohnung an. Um mich vorher nach dem Zustand des Patienten zu erkundigen, ging ich in Herrn Meyers Wohnung, und fand nebst dem Gerichtskommissar drei Ärzte daselbst, welche auf meine Fragen nach Hauser mir antworteten, daß er Mitternacht nicht überleben werde; diesen Nachmittag sei er schon von einem Starrkrampf überfallen worden, jetzt aber sei bereits partielle Kälte und schon Todesschweiß, auch Delirien eingetreten; ich sei jetzt notwendiger als sie, und möge eilen, ihm noch eine Labung auf dem letzten Weg zu geben. Ohne weitere Zögerung ging ich denn auch an das Sterbebett, auf dem der arme Kaspar nach so kurzem Leben, ohne daß der Schleier desselben sich auch nur im mindesten lüftete, schon nach zwei Stunden seinen Geist ausgehaucht hatte.

IV.

Wehmut, Ernst, Entsetzen waren die Gefühle, welche mich beim Anblick des stillen, ergebenen Dulders bewegten; ich hatte Mühe, die Tränen zurückzuhalten, und einen kurzen stillen Kampf mit mir selbst zu bestehen, ehe ich mich dem Sterbenden näherte, um ihm die Tröstungen der Religion darzubringen. Er schlummerte gerade, wachte aber in dem Augenblick auf, als ich mich seinem Bett näherte. „Guten Abend, lieber Kaspar", sagte ich, seine Hand fassend, die matt und kalt in der meinigen lag, „wie geht es Ihnen denn? Sie sind wohl recht krank? Ihr Lehrer und Freund steht vor Ihnen, dem Ihre Leiden recht nahegehen; wie ist denn Ihr Befinden? Wie fühlen Sie sich denn?" – „Wohl!" erwiderte er mir, „ich habe keine Schmerzen, aber meine Glieder werden mir so schwer, ich bin sehr müde!" Nach diesen Worten schloß er die Augen in etwas, öffnete sie aber bald wieder. Da fragte ich ihn: „Wollen Sie nicht beten, lieber Kaspar!" – „Ich kann nicht beten", antwortete er, und als ich ihn nach der Ursache fragte, so sagte er: „Ich bin so matt; kann nicht sprechen; die Gedanken vergehen mir gleich!" – „Nun", sprach ich zu ihm, „so will ich mit Ihnen beten, oder vielmehr, ich will ein Gebet laut sprechen, was auf Ihre Lage paßt, und Sie können das dann im Stillen mitsprechen." Da ihm das recht war, so faltete ich die Hände. Alle Umstehenden taten es mit. Hauser aber erhob, so schwer es ihm ankam, die seinigen. Tiefe Stille herrschte unter allen Umstehenden, und ich sprach im Namen Hausers etwa Folgendes: „Gott, Vater in Jesus Christus, den ich auch als meinen Vater kennengelernt habe, zu dir, der du in der

Schule der Prüfung mich früh schon geübt, aber immer treu und väterlich beschützt hast, zu dir wende ich mich nun in diesen ernsten Augenblicken. Dich bitte ich, verlaß mich mit deinem Trost nicht, und wie du deinen Engel einst meinem Heiland in seiner bangsten Stunde gesendet hast, so sende ihn jetzt mir. Dunkel wird es um mich, immer dunkler, ach laß das Licht deiner Gnade leuchten. Vergib dem sündigen Menschen, der jetzt so dringend zu dir fleht. Gib mir Kraft, damit ich christlich trage, was du mir auferlegt hast. Nimm dich meiner Seele an, und erfülle das Wort an mir: *Naht euch zu mir, so seid ihr selig aller Welt Ende!* Jesus Christus, der du so liebevoll rufst: *Kommt zu mir alle, die ihr mühselig und beladen seid, ich will euch erquicken,* erquicke auch mich, denn ich komme zu dir! Amen!" – „Amen!" wiederholte Hauser, und legte sich auf meine Frage, ob er etwa müde oder erschöpft sei, mit einem stillen *Ja* auf die rechte Seite, und schlummerte etwas ein. Bald erwachte er mit dem Begehren nach Wasser, welches ihm auch sogleich gereicht wurde. Nun nahte ich mich ihm wieder, und sagte: „Lieber Hauser, wie ist denn der Zustand Ihres Gemüts; sind Sie denn auch innerlich recht ruhig, drückt Sie kein Anliegen, wofür Sie Erleichterung wünschen?" – „Warum", sagte er, „soll ich denn unruhig sein, ich habe ja alle Leute, die ich kenne, um Verzeihung gebeten. Der liebe Gott wird mich gewiß nicht verlassen." – „Nein", antwortete ich darauf, „das wird der liebe Gott nicht, er wird sich freuen über Ihren christlichen demutsvollen Sinn, dessen Äußerungen ich, als Ihr Religionslehrer, mit großem Vergnügen vernehme. Aber ich muß Sie doch auch darauf aufmerksam machen, daß Christus, unser

Herr auch fordert, daß wir unseren Mitmenschen vergeben, und ich frage Sie deswegen in diesem ernsten Augenblick, ob Sie auf niemanden in dieser Welt zürnen, ob Sie keinen Groll auf jemand im Herzen haben!" – „Warum sollte ich", sprach er hier, „Groll oder Zorn haben, da mir niemand etwas getan hat!" – Das ist nun eine Äußerung Hausers, aus welcher der Zweifel an seiner Redlichkeit Gift über Gift saugt. Mir aber, der ich sie im Zusammenhang mit Hausers ganzem inneren Leben, wie ich es kennengelernt habe, bringe, mir, der ich die Stunde, in der er es sagte, genauer ins Auge fasse, fällt es nicht ein, in dieser Äußerung etwas Verdächtiges zu finden, und es sind nach meiner Meinung und Beobachtung nur drei Gesichtspunkte möglich, aus denen sie betrachtet werden kann. Den ersten gibt Hausers außerordentliche Gutmütigkeit an die Hand, die vielleicht von dem Mörder gar nicht sprechen, und lieber die Aufmerksamkeit von ihm wegwenden wollte. Den anderen Grund finde ich darin, daß Hauser diese seine Worte in Zusammenhang mit den kurz zuvor von ihm gesprochenen brachte, und sie auf seine Bekannten bezog. Der dritte Grund liegt in dem Augenblick des Sterbens. Hauser hatte da keine Erdensorge mehr, sein Gemüt war mit dem Himmlischen allzusehr beschäftigt, das Irdische war vergessen wie seine Wunde, von der er keinen Schmerz mehr empfand. Seine Seele hatte sich bereits über das Zeitliche erhoben. Dies ist mir das Allerwahrscheinlichste.

Da ich etwas unpäßlich war, so wirkte die Luft des kleinen, ziemlich mit Leuten angefüllten Zimmers auf einmal sehr widerlich auf mich und ich glaubte mich um so eher einige Augenblicke entfernen zu können, weil

Hauser eingeschlummert war. Als ich wieder zurückkam, schlummerte er noch, wachte aber alsbald auf, indem er ungefähr folgende Worte sprach: „Ach diesen Kampf kann der Mensch nicht allein bestehen, er ist sehr schwer!" Ich entgegnete ihm: „Getrost mein lieber Freund und nach oben gesehen, dort wohnt ja der gute himmlische Vater, zu dem wir vorhin miteinander gebetet haben; der hilft sicherlich, denn er sagt nicht umsonst: *Fürchte dich nicht, denn ich bin mit dir, weiche nicht, denn ich bin dein Gott!* Halten Sie nur fest an seinen Wegen, und vertrauen Sie sich ihm recht herzlich an?" Nach einiger Pause sagte Hauser, nachdem er wiederholt von einer weiten Reise, die er zu machen habe, gesprochen hatte: „Ja das ist der rechte Weg, den ich nicht verlassen will." Hierauf trat Herr Meyer an sein Bett, faßte seine Hand, und fragte im freundlichsten Ton: „Lieber Hauser, haben Sie nichts mehr zu sagen?" und Hausers Antwort waren die herzlichsten Danksagungen an ihn und seine Gattin. Bald sagte er, von einigen Delirien unterbrochen: „Ach das sind dunkle Wege, die Wege Gottes!" – „Aber", erwiderte ich, „Sie halten sie doch für Wege der Liebe und Gnade?" Ein festes *Ja* war seine Antwort. Da er öfters die Hände faltete, so sagte ich ihm häufige Trostsprüche, die ich aber durchaus nicht mehr alle wörtlich aufführen kann. Unter anderen sagte ich das Gebet Jesu: *Vater nicht mein Wille geschehe, sondern der deinige.* Als Hauser dieses wiederholte , so fragte ich ihn: „Wer hat dies gesprochen?" – „Der liebe Gott, Jesus Christus vor seinem Sterben!" – „Nun wohl", sagte ich „darauf, sei es auch Ihr Gebet jetzt, mein Lieber!"

Da war es nahe an 10 Uhr geworden, und Hauser, dem man fortwährend den Todesschweiß abtrocknen mußte, wurde immer schwächer, so schwach, daß er nichts Zusammenhängendes mehr reden und verstehen konnte. Glied für Glied starb langsam an ihm ab. Gerade als es 10 Uhr schlug, tat er den letzten Atemzug. Keine abschrekkenden Gesichtsverzerrungen, keine Verdrehung der Augen und Glieder, wie man sie öfters an Sterbenden sieht, waren an ihm wahrzunehmen, nur einen äußerst schmerzhaften Zug an seinem Mund glaubte ich zu bemerken. So sah ich ihn auch am folgenden Tag, die noch heftiger ausgebrochene Gelbsucht abgerechnet, ganz unentstellt.

Am 19. Dezember wurde die Sektion vorgenommen, welche freilich eine entsetzliche Wunde sehen ließ. Sie ging von oben nach unten in schiefer Richtung, und muß mit großer Gewalt beigebracht worden sein, denn sie war tief in den Körper eingedrungen, hatte den Herzbeutel durchstochen, das Herz unten an der Spitze geritzt, war durch die ungewöhnlich große Leber gedrungen und hatte auch den Magen durchschnitten. Es ist zu verwundern, wie Hauser mit dieser schrecklichen Verwundung noch einen Weg von einigen tausend Schritten machen konnte, und daß er nicht mehr Schmerzen und Beängstigungen hatte, da die Wunde nach innen entsetzlich blutete, und aus dem zerschnittenen Magen die Speisen in den hohlen Leib gedrungen waren. Daraus mag sich denn aber auch der Umstand erklären, daß er so häufig, besonders, wenn er mit Sprechen oder Nachdenken angestrengt wurde, plötzlich erklären mußte, er könne nun nicht mehr, man möge ihn in Ruhe lassen. Man willfahrte ihm natürlich immer. Aber es wäre zu wünschen, er möchte stärker gewesen sein, damit sein so schreckliches Geheimnis entschleiert, und der Gerechtigkeit der Weg zur Erreichung des Mörders geöffnet werden möge, über welchen alle teilnahmsvollen Gemüter auf das äußerste erbittert sind.

Die Sektion bot aber auch einem unserer hiesigen Ärzte, der dabei anwesend war, Stoff zu Untersuchungen über Hausers innere Körperorganisation, so wie zu Nachforschungen nach Spuren über Hausers früheren Zustand dar, und bestätigte dessen Angaben durch die größte Wahrscheinlichkeit. In das Journal für Chirurgie und Augenheilkunde von Gräffe und Walter, welches bei Reimer in Berlin erscheint, wird demnächst hierüber im 1. Heft des 21. Bandes ein Aufsatz von jenem Arzt unter dem Titel: *Kaspar Hausers Verwundung, Krankheit und Leichenöffnung* eingerückt werden, der sich über die Sache weiter verbreitet, als es in diesen Bogen geschehen kann, und der, da er noch besonders abgedruckt wird, auch dem nichtärztlichen Publikum zugänglich ist, und allgemeine Beachtung verdient. Wenn ich oben sagte, daß Hausers geistige Anlagen nur dann richtig gewürdigt werden können, wenn man sie aus dem doppelten Standpunkt seiner frühen Einkerkerung und der dadurch gestörten regelmäßigen Körperentwicklung beurteile, so muß die letztere hergestellt, und die erstere durch dieselbe bewiesen werden, das tut nun jener oben erwähnte Arzt mit größter Evidenz, und seine Beobachtungen in dieser Beziehung sind in der Kürze folgende:

Hausers Lunge ist klein, und beweist, daß sie mit keinem großen Maß äußerer Luft zu kämpfen hatte, sondern, daß ihre Funktion nur auf sehr beschränkte Weise in Anspruch genommen worden sein muß.

Die Leber war ungewöhnlich breit und groß, wie man sie auch bei Tieren findet, denen man die Gelegenheit zur freien Bewegung genommen hat, und spricht für die lange enge Einkerkerung Hausers.

Die Galle war zäh und schwärzlich, eine Folge des früheren langen Genusses von Kohlenstoff haltenden Vegetabilien z. B. trockenen Brotes.

Die Kleinheit und Roheit des Gehirns im allgemeinen, die relativ geringe Masse des großen und bedeutende Größe des kleinen Gehirns deuten nächst den gröberen und größeren Windungen an der Oberfläche der Kopfhöhle auf sehr mangelhafte Entwicklung des Hirns. Die geistige Entwicklung Hausers war aber nicht sowohl durch mangelhafte Bildung des Hirnorgans gehemmt, sondern das Organ blieb in seiner Entwicklung durch Mangel aller früheren geistigen Tätigkeit und Erregung zurück, und erlangte seine Reife und materielle Entwicklung nicht, welche bis zum siebenten Lebensjahr, als demjenigen, wo sie nach dem Naturgesetz gefordert werden kann, erfolgt ist. In diesem unvollkommenen Zustand wurde es bei der Leichenöffnung vorgefunden, was als genügender Beweis gelten kann, daß Hauser geraume Zeit sich in einem Zustand befand, welcher die Gehirnentwickelung hemmte und aufhielt, so daß er auf einer niederen Bildungsstufe zurückbleiben mußte. Aus diesem Umstand erklärt sich auch die Erscheinung, daß Hauser im Anfang sehr rasche, dann aber unverhältnismäßig langsamere Fortschritte machte, eine Tatsache, die ihn demnach bei manchen, welche mehr in ihm erwarteten, als sich zeigte, ohne allen Grund in einem üblen Licht erscheinen ließ. Daraus möge ferner entnommen werden, ob ihm so viel geistige Kraft zugetraut werden konnte, daß er, einem mit inneren Widersprüchen angefüllten Aufsatz in den Blättern für literarische Unterhaltung zufolge, sich selbst gemordet, und fünf Jahre lang die tüchtigsten Männer am Irrseil herumgeführt haben soll.

Am 20. Dezember war der Begräbnistag des in jeder Beziehung Unglücklichen; es war ein Tag allgemeiner Teilnahme.

Einfach aber würdig und anständig war die Leichenfeier angeordnet. Tausende von Menschen kann man ohne Übertreibung sagen, waren auf dem Kirchhof anwesend, und drängten sich an das Grab. Langsam fuhr unter feierlichem Glockengeläute der Trauerwagen mit der irdischen Hülle des Verstorbenen daher, um sie zu ihrer Ruhestätte zu bringen. Aus der Ferne und Nähe wurden Blumen, als letzter Beweis christlicher Liebe und Zärtlichkeit, gespendet, welche zum Teil den Leichnam im Sarg zierten, zum Teil von freundlicher Hand in das Grab gestreut wurden. Wer aber die Tränen zählen wollte, welche gefühlvollen Herzen bei den Einsegnungsworten, die über die eingesenkte Leiche gesprochen wurden, entquollen, der würde das Unmögliche unternehmen. Ebenso entschieden sprach sich die Teilnahme bei der am Altar der Gottesackerkirche gehaltenen Trauerrede aus. Diese Rede, welche nur auf das allgemeinste Verlangen zum Druck befördert wurde, folgt als Anhang.

Hauser ist zwar begraben, aber sein selbst noch ungewisser Name lebt noch in der Welt und die Erinnerung

an die traurige Katastrophe, welche den armen Jüngling
unserer Mitte entriß, ja das Andenken an dieselbe spricht
sich mit solcher Lebendigkeit aus, daß fast kein Zeitungs-
blatt erscheint, welches nicht eine Nachricht über ihn und
sein trauriges Ende enthielte. Zu bedauern ist nur, daß
viele sprechen, ohne Hauser im Leben gekannt zu haben,
daß manche unter ihnen mit heftiger Leidenschaft unbe-
gründete Urteile gegen den Bedauernswerten aussprechen,
manche wiederum auf Kosten der Wahrheit die ganze
Begebenheit in ein allzu romantisches Gewand kleiden,
wodurch sie das unbefangene Urteil irreführen, und dem
guten Hauser, indem sie für ihn entschiedene Partei
nehmen, weniger nützlich sind, als sie wollen.

Noch ist keine Spur des Verbrechens, von welchem
sich der Genius der Menschheit mit Entsetzen abwendet,
mit Bestimmtheit entdeckt. Vielleicht wird das Menschen-
gefühl und die Rechtsliebe noch lange darauf warten
müssen. Aber, es ist kein Faden so klar gesponnen, er
kommt doch endlich an die Sonne, sagt ein altes
Sprichwort. Es lebt ein Gott, sagt der Christ, der väterlich
alles leitet, dessen Pläne wir anfangs gar oft nicht verstehen, aber später oft in diesem Erdenleben noch mit
reumütigem Dank preisen müssen, im Jenseits desto
herrlicher erkennen werden, und der zur rechten Zeit alles
Verborgene enthüllt. Vielleicht wird auch uns noch Licht
über die bis jetzt in das schwärzeste Dunkel gehüllte
Begebenheit. Dann Menschheit preise den Herrn!

Anhang.

Trauerrede bei der am 20. Dezember 1833 erfolgten Beerdigung.

Gnade sei mit uns und Friede von Gott durch unseren Herrn und Heiland Jesus Christus. Amen.

Blumen hat die Liebe ihm gestreut auf dem letzten Lebensweg und in denselben uns auf eine sinnige Weise die ganze Geschichte unseres Frühvollendeten angedeutet; denn eine schöne, liebliche Blume ist in ihm gewelkt. Im dunklen Schoß der Erde entfaltet die Blume ihre zarten Keime, jedem Blick entzogen, jedem Auge verborgen. Und wo sind die ersten Keime des sich entfaltenden Lebens unseres Entschlafenen zu suchen, als in der tiefsten Verborgenheit? – freilich durch lieblose Hand darin gehalten. – Der milden Frühlingssonne himmlischer Strahl erwärmt die kalte Decke der Erde, und gibt dem schwellenden Samkorn Gelegenheit, sich zu entfalten und mit lieblicher Blüte uns zu erfreuen. Das milde Himmelslicht der Vaterliebe Gottes hat auch die harten Seelen erweicht, die den Heimgegangenen in ewiger Dunkelheit halten wollten, daß sie ihn hervortreten ließen, an das schöne Licht des Lebens, wo er sich auf eine liebenswürdige Weise entfaltete, und ohne Kunst und Täuscherei die Herzen zu gewinnen wußte. Aber die Blume welkt wieder, der Sturm zerstört oft in der schönsten Entfaltung ihre Kelche. Ach und ihr gleich hat der Mordstahl der Bosheit das liebe schöne Leben, an das uns dieser Sarg jetzt schmerzlich erinnert, mitten in seiner Entfaltung gebrochen.

Lieber Hauser, lebe wohl! Vielseitige Liebe ruft dir diesen Scheidegruß in dein frühes Grab. Er töne dort im besseren Lande wieder!

Du aber, o Herr des Lebens und des Todes, Vater in Jesus Christus, laß das Gebet deiner Kinder vor deinen Gnadenthron kommen, und erhöre es. Laß den Entschlummerten sanft ruhen in deinen Armen. Die Liebe legt ihn betend in dieselben. Der Glaube blickt zu dir empor. Todesüberwinder, Jesus Christus verleihe dort ewigen Sieg. Geist der Liebe und Gnade vollende, was hier schwacher Anfang war. Ja, dreieiniger Gott, dein sei der Frühgeschiedene in alle Ewigkeit. Amen.

In der Kirche, wohin man sich vom Grab begab, sang die Gemeinde zuerst das Lied Nr. 540: *Säe deine Tränensaat etc.* V. 1-7. und der Geistliche hielt hierauf folgende Altarrede:

Herr, vor dem auch die Finsternis Licht ist, zu dir erhebt sich aus dem Lebensdunkel jetzt unser Auge. Dich, Vater der Liebe und Barmherzigkeit, sucht das kindliche Herz. Was geschehen ist in unserer Mitte, das ist dir bekannt und du wirst richten. Uns kommt kein Urteil über die Fügungen deines Willens zu. Wir fällen es nicht, o Gott, sondern unterwerfen uns mit dem festen Glauben an deine Weisheit, Liebe und Gerechtigkeit, und mit dem hoffenden Blick in das Jenseits, wo die Decke von dem sterblichen Auge fällt, und klares, reines Himmelslicht über jede Dunkelheit des Erdenlebens uns erfreuen soll. Herr, Dein Rat ist wunderbar, aber du führst alles herrlich hinaus. Ob es uns so erscheine oder nicht, Licht ist dein

Kleid, das du anhast, und Seligkeit weiß deine Liebe auch aus dem Schmerzenskampf zu erwecken. Bewähre dieses, o du treuer Gott an dem Vollendeten, den wir auf seinem letzten Gang begleitet haben, bewähre es an ihm, um den des Mitleids und des Schmerzes Tränen fließen. Aus der Schule der Prüfung hast du ihn abgerufen. O nimm ihn auf in das Land der Vollendung. Den Glauben an deine väterliche Liebe hast du mit mächtiger Stimme in ihm erweckt durch den Gnadenruf des Erlösers; wandle ihm denselben dort zum seligen Schauen um in alle Ewigkeit. Amen.

Einer der seltsamsten Menschen hat geendet. Rätselhaft, wie sein Eintritt in das öffentliche Leben, war die Veranlassung, welche ihn aus unserer Mitte führte. In gespannter Erwartung waren alle Gemüter, die christliche Teilnahme für den durch unbekanntes Verhängnis Verwaisten fühlten, wie der Knoten seines Schicksals sich lösen werde; bis auf das äußerste wurde diese Erwartung gesteigert vor wenigen Tagen durch einen ans Unbegreifliche grenzenden Vorfall. Und jetzt? – jetzt stehen wir an dem Ort, wo ewiges Schweigen die Antwort auf alle Fragen irdischer Sehnsucht ist. Mit welchem mächtigen Fingerzeig erinnert uns das an die Flüchtigkeit der Zeit, an den raschen Wechsel alles Irdischen, mit welchem Ernst ermahnt es uns, des Herrn immer zu gedenken, der jeden Augenblick zu uns sprechen kann: *Tue Rechnung von deinem Haushalten; du kannst auf Erden hinfort nicht mehr Haushalter sein!* Daß so schnell die Nacht des Todes ihn umschatten werde, wie hätte das unser Vollendeter denken sollen! Daß Anfang und Ende seiner eigentlichen Lebenstage so nahe sich begrenzten, wer unter uns hatte das vermutet? Nicht wahr, ihr teilnahmsvollen Seelen, es ist euch unbegreiflich, und ihr haltet das, was vorgefallen ist, wohl für einen schweren Traum? So ist es überhaupt mit uns Menschen. Was unsere Einsichten übersteigt, was unseren Wünschen und Neigungen entgegensteht, darein können wir uns nicht finden, darin werden wir leicht versucht, die Fügungen eines höheren und besseren Willens zu verkennen, die Wege einer allwaltenden Weisheit und Liebe zu vermissen. Aber es ist Unrecht. Der himmlische Vater fördert auf jedem Wege unser Bestes, und wenn wir das nicht verstehen, wenn wir uns davon nicht überzeugen können, so liegt die Schuld nur an uns, und nicht an ihm, denn er ist und bleibt stets der gnädige Gott, der da weiß und gibt, was wir bedürfen, und ohne dessen Willen kein Sperling von dem Dach, kein Haar von unserem Haupt fällt. Je mehr wir seine Erkenntnis uns angelegen sein lassen, je tiefer wir in dieselbe eindringen, je inniger wir uns an den halten, der der Weg, die Wahrheit und das Leben ist, und ohne den niemand zum Vater kommen kann, desto williger ergeben wir uns seinen Fügungen, desto lebendiger ist die Überzeugung, daß sie Heil und Segen auch unter Tränen und Seufzen uns gewähren, desto herzlicher und zufriedener beten wir dann: *Vater, ist's möglich, so gehe der Kelch von mir; doch nicht mein, sondern dein Wille geschehe!* Brüder und Schwestern, die ihr mit tiefem Schmerzgefühl unter den Totenhügeln, von denen wir umgeben sind, auch den des Jünglings erblickt, der die Teilnahme und Aufmerksamkeit fast eines Weltteils in Anspruch nahm, vernehmt bei dieser Gelegenheit zum Trost und zur Lehre, daß jenes Gebet, welches wir Matth.

26, 39 finden, eines seiner letzten Worte war. Und ein Wort an der Grenze des Lebens, ein Wort in der Nähe des Todes, und eben damit auch des Thrones der ewigen Gerechtigkeit, kommt nicht leicht aus einem heuchlerischen Herzen, sondern es enthält die ganze Seele des Menschen, und läßt uns untrügliche Blicke in sein Innerstes tun. Segnend blicken wir darum auf den Vollendeten hin, dem wir hier die letzte Ehre auf Erden erweisen, und dankend schauen wir auf zu Gott dem Herrn, dessen Weisheit, Vaterliebe und Allmacht sich auf so vielfache Weise in seinem Leben kundgetan hat.

Kaspar Hauser – so ist nach den bis jetzt uns gewordenen Nachrichten der Name des Entschlafenen – ist geboren von Eltern, die entweder gewissenlos ihre heiligsten Pflichten mit Füßen traten, oder durch unerhörte Grausamkeit in der Erfüllung derselben gestört wurden. Das erste verzeihe Gott und lenke, wenn sie noch unter uns wandeln nach seiner Gnade ihren Sinn zur Buße. Der Entschlummerte hat das Wort der Vergebung noch mit sterbender Lippe ausgesprochen. Das letztere verzeihe gleichfalls der Allerbarmer den Entarteten, welche, zu ohnmächtig, die Gesetze der Natur aufzuheben, wenigstens ihre Befolgung unmöglich zu machen suchten. Es schien zu gelingen. In düsterer Abgeschiedenheit, ohne Regung kindlicher Gefühle, ohne den süßen, über alles teuren Genuß elterlicher Liebe lebte er, ohne von Gottes schönen Werken etwas zu sehen und zu kennen, eine Reihe von Jahren – die schönsten des menschlichen Lebens, denn es waren die Jugendjahre – dahin, die eben deswegen als verlorene für ihn zu betrachten sind. Aber wo ist das Dunkel, in das der Herr nicht sieht, und wo ist die menschliche Macht, die ihm unbesiegbar wäre? Auch in Hausers dunkle Gefangenschaft blickte Gottes Vaterliebe, auch das Herz seiner Tyrannen erreichte ihr Strahl und er ward am 26. Mai des Jahres 1828, gerade am zweiten Pfingstfeiertag abends zwischen 4 und 5 Uhr in einem mehr tier- als menschenähnlichen Zustand auf eine unbekannt gebliebene Weise in die ehrwürdige Stadt Nürnberg gebracht, wo er durch die Eigentümlichkeit seiner Erscheinung bald ein Gegenstand der allgemeinsten Aufmerksamkeit wurde. Was hier an ihm geschah, mit welcher Liebe und Schonung, Sorglichkeit und Wachsamkeit, mit welchem Eifer und mit welcher Aufopferung man daselbst nur für sein Wohl und die Enthüllung seines rätselhaften Schicksals bemüht war, das hat er stets mit der schönsten Rührung, nicht selten mit einer stillen Träne bekannt und die Namen der liebevollen Männer und Frauen, die schützend, erziehend, bildend, erheiternd auf ihn wirkten, waren immer Gegenstände hoher Verehrung für ihn. Haben sie ihm denn nicht auch viel gegeben, haben sie ihn nicht Vater- und Mutterhände gereicht, haben sie ihm nicht gerettet, was im Schiffbruch seines Lebens für ihn auf immer verloren schien, die Regungen kindlicher Anhänglichkeit und Liebe! Nach allen Vermutungen war er damals ungefähr 15 Jahre alt. Bald ereignete sich – es war am 17. Oktober. 1829 – indessen ein Vorfall, der den kaum ins Weltleben Eingetretenen mit demselben in die bitterste Unzufriedenheit zu bringen geeignet war. Es war ein Mordversuch, dessen Andenken er in einer jedem sichtbaren Narbe auf der Stirn mit sich in das Grab nahm. Gottes Engel wachten über ihm und er genas wieder. Sein kindlicher Sinn fühlte über dieses

Ereignis nur Schmerz und Furcht, durchaus keine Erbitterung, keinen Zorn. Nur sorgfältiger bewacht, emsiger beobachtet, liebevoller noch gepflegt, gedieh Hauser sichtbar an Körper und Geist und machte seinen Pflegern und Erziehern alle Ehre. So war das Jahr 1831 herangekommen und mit ihm ein Wendepunkt in des Entschlafenen Schicksal. Ein edler, durch seine Sorgsamkeit um unseren Findling im Andenken aller, die wahre christliche Menschenliebe zu würdigen wissen, segensreich lebender Engländer, Graf Stanhope, Pair von Großbritannien, kam auf seinen Reisen nach Nürnberg und hatte den Unfall, daß ihm etwas an seinem Wagen zerbrach. Während des dadurch verursachten Aufenthalts sprach er den Wunsch aus, den Findling Kaspar Hauser genauer kennenzulernen, und wurde darauf auch mit ihm bekanntgemacht. Getrieben von dem allbeherrschenden Zug wahrer Nächstenliebe fand er in dem kindlichen Benehmen seines neuen Bekannten soviel Anziehendes, in dem wunderbaren Gang seiner Schicksale so viel Rührendes, daß er von nun an ihm Vatersorge widmete und dem nürnbergischen Magistrat den Antrag stellte, ihm seinen bisherigen Pflegling zu überlassen. Man willfahrte in der bestimmten Überzeugung, das Schicksal Hausers in fromme Hände niedergelegt zu haben, diesem Antrag, und Graf Stanhope nahm seinen neuen Schützling am 1. Dezember 1831 mit sich hierher in unsere Stadt, wo er in Verbindung mit dem in Frankfurt am Main erst in diesem Jahr verstorbenen verdienstvollen Staatsrat und Appellationsgerichtspräsidenten, Herrn v. Feuerbach, und noch einigen tüchtigen Männern Verfügungen über ihn traf, durch welche seine Existenz bis zu weiterer mit ihm vorzunehmender Bestimmung sehr anständig gesichert und alles getan wurde, was zu seiner körperlichen und geistigen Pflege notwendig war. Am 9. Dezember gedachten Jahres wurde er dem Herrn Lehrer Meyer und seiner würdigen Gattin übergeben, welche bis zu seinem letzten Lebensaugenblick mit rastloser Treue und Liebe sich sein Wohl angelegen sein ließen. Harmlos lebte er, wie ihr wißt, bisher dahier, mit besonderer Aufmerksamkeit von den edelsten und angesehensten Familien unserer Stadt ausgezeichnet, geliebt oder von allen, die in näherem Umgang mit ihm waren. Am 20. Mai dieses Jahres beging er seine Konfirmationsfeier und seinen erstmaligen feierlichen Abendmahlsgenuß mit einer Rührung und Erhebung des Gemütes zum Heiland, die alle ergriff, die Zeugen davon waren und mir, seinem Religionslehrer die Überzeugung gewährten, daß das Evangelium von Christus, das da selig macht alle, die daran glauben, tiefe Wurzel in seinem Herzen geschlagen habe. Mit Freuden vernahm die Kunde davon sein edler Pflegevater in weiter Ferne und rüstete sich bald darauf zur Reise in unsere Mauern, um seinen geliebten Schützling zu umarmen und weitere Bestimmungen über seine Zukunft zu treffen. Bald wird der edle Mann bei uns sein. Ach und was ist die Antwort auf seine Frage: *Wo ist er, den ich väterlich liebe?* Ein stummer, schmerzvoller Fingerzeig auf die Grabesstätte, die wir erst vor wenigen Augenblicken umgaben, wo die entseelte Hülle ruht. Denn – ach, daß ich es verschweigen, ach, daß ich es als etwas Ungeschehenes widerrufen dürfte! – ein noch rätselhafter Angriff auf das Leben Hausers hat dasselbe nachdem es kaum recht aufgegangen war, wieder zerstört.

Die erste Abendstunde des vergangenen Sonnabends, des 14. des Monats, erregte durch die Kunde *Hauser ist tödlich verwundet!* allgemeine Bewegung der Gemüter. Kaum wollte man es glauben und im ersten Augenblick schien auch, obwohl heftige, mit Irrereden und Bewußtlosigkeit verbundene Fieberanfälle eintraten, wenig Gefahr vorhanden. Aber bald mehrte sich dieselbe und aus kundiger, sorgsamer Ärzte Mund kam das Urteil: *Hauser ist für dieses Leben verloren!* Und leider bestätigte die zehnte Abendstunde des 17. des Monats dasselbe. Hauser gab in ihr seinen Geist auf. Aber es waren feierliche, erhebende Augenblicke für uns, die sein Sterbebett umgaben, als er, das Dahinschwinden seiner Kräfte immer merklicher gewahrend, die Blicke von dieser in jene Welt richtete. *Ich bin müde, sehr müde,* wiederholte er oft, *alle Glieder werden mir zu schwer! Ich habe eine weite Reise zu machen!* Mit herzlicher Erhebung betete er im Stillen die laut um ihn ausgesprochenen Gebete mit. Je mehr er sich seiner Auflösung näherte, desto öfter faltete er seine matten Hände. Gerne hörte er die Erinnerung an Gottes erbarmungsreiche Liebe in Jesus Christus. Auf die Frage wie er sich fühle, erwiderte er: *Wohl!* Die Erkundigung nach dem Zustand seines Gemüts beantwortete er auf gleiche Weise und setzte hinzu: *Ich habe alle Menschen um Verzeihung gebeten, die ich kenne! Warum sollte ich nicht ruhig sein; der liebe Gott wird mich gewiß nicht verlassen.* Auf die Erinnerung, daß es nicht genug sei, die Menschen um Verzeihung zu bitten, sondern daß Christus auch die Vergebung für die Mitmenschen fordere, entgegnete er: *Warum sollte ich Groll oder Zorn haben, da mir niemand etwas getan hat!*

Nachdem er einige Augenblicke geschlummert hatte, erwachte er mit der Bemerkung: *Ach diesen Kampf kann der Mensch nicht allein bestehen; er ist sehr schwer!* Mit sichtbarer Erquickung vernahm er die Tröstung, daß wir einen allmächtigen Verbündeten hätten an Gott, der da spricht: *Fürchte dich nicht, denn ich bin mit dir, weiche nicht, denn ich bin dein Gott!* Mit festem Sinn erklärte er auf die Ermunterung, nur nicht von dem Herrn zu lassen und seine Wege, wie dunkel sie auch seien, als Wege der Liebe und Barmherzigkeit zu verehren, daß er das für den rechten Weg halte, den er nicht verlassen wolle. Mit größter Herzlichkeit dankte er hierauf seinem bisherigen Pfleger und dessen Gattin unter der Versicherung er könne nicht aussprechen, wieviel er ihnen schuldig sei. Bald darauf betete er noch: *Vater nicht mein Wille, sondern der deinige geschehe!* Nun wurden die äußeren Pulse allmählich schwächer, endlich stockten sie ganz; nur der Herzschlag zitterte noch. Aber als die Glocke 10 Uhr schlug, da stand auch dieser still und Hauser gehörte dieser Welt nicht mehr an.

Fragen wir aber hier, was seinen Geist so stark machte, je schwächer er sich am Körper fühlte, was dem Müden Erquickung, dem Sterbenden frohe Lebenshoffnung gab, so liegt es vor unseren Augen. Nicht irdische Herrlichkeit war es, denn sie lag matt vor seinem Blick; nicht weltliche Hoffnungen, denn er hatte in seinem Herzen keine Stelle mehr für sie. Es war der Herr, der mächtig in demselben sprach: *Kommt zu mir alle, die ihr mühselig und beladen seid, ich will euch erquicken!* Es war das Bewußtsein, das dem gläubigen Gemüt aus seinem Ausspruch zuteil wird: *Himmel und Erde werden vergehen, aber meine Worte werden nicht vergehen!* Darum hörten wir auch kein Wort von dem letzten für ihn so traurigen Ereignis, darum keine Klage über irgendeinen Schmerz. Im sanften Frieden ging er aus dem Traum der Zeitlichkeit. Er hatte eine schönere Aussicht vor sich. *Wohl ihm,* rufen wir daher aus, *wohl ihm, er hat überwunden, hat viel überwunden.* Mit christlichem Sinn bemitleiden wir die Hand, die seinem Erdenleben ein frühes Ziel gesteckt, mit versöhnlichem beten wir für den Unglücklichen, der eine vielleicht schöne glückliche Wendung seines Erdenschicksals frevelhaft zerstört hat und halten fest an dem Glauben, daß die den Leib töten können, nicht auch über die Seele ihre finstere Macht auszudehnen vermögen. Diese *steht jetzt in Gottes Hand und keine Qual rührt sie an.* Armer Verirrter, wo du auch weilen, welches Dunkel dich auch verbergen möge, siehe hier deinen Sieg, siehe hier die Grenze deiner traurigen Macht, die du an unserem Frühvollendeten geltend machen wolltest. Bist du bis jetzt dem Auge menschlicher Nachforschungen entgangen, hast du dich auch bis jetzt dem richtenden Arm menschlicher Gerechtigkeit entzogen, – zittere! Es gibt ein göttliches Auge, das in der tiefsten Finsternis dich kennt, es gibt eine göttliche Gerechtigkeit, die ewig richtet. Nicht umsonst steht in dem Buch aller Bücher, in welchem Gott sein heiliges Wort offenbart: *Übeltäter können sich nicht vor Gott verbergen* denn *er wird alle Werke vor Gericht bringen, das verborgen ist, es sei gut oder böse.* Zittere und kehre um; Gott nimmt jeden reumütigen Sünder zu Gnaden an. Kehre um und bete wieder: *Nicht mein Wille, o Gott, geschehe, sondern der deinige!*

Wir aber, Geliebte, die wir hierher gegangen sind, um die letzte traurige Pflicht der Liebe an dem Vorangegangenen zu erfüllen, wollen diese Trauerstätte nicht verlassen, ohne mit ernstem Sinn an die Flüchtigkeit der Erdentage zu denken und ohne den Entschluß, sie weise anzuwenden, als eine Vorbereitung für die Ewigkeit. Wir wollen es aus der traurigen Veranlassung, die uns hierher gerufen hat, lernen, daß unser Christenglaube der Sieg ist, der die Welt überwindet und fester und immer fester in demselben zu werden streben. An Gelegenheit dazu fehlt es nicht. Der liebe Gott gibt sie so reichlich, ruft auf die mannigfachste Weise jedem zu: *Gib mir, mein Sohn, dein Herz und laß deinen Augen meine Wege wohlgefallen!* Er rufe keinen von uns umsonst! Seine Gebote und Fügungen sollen uns heilig, sollen die Richtschnur unseres Lebens sein und lebend und sterbend wollen wir bekennen: *Nicht unser Wille, o Vater, geschehe, sondern der deinige!*

Ja, guter Gott, zu dem wir uns betend nahen, den wir in Christus unseren Vater nennen, wir wollen mit immer erhöhtem Eifer uns dir und deinem Dienst weihen! Nimm uns in Gnaden an, und stärke uns dazu mit deiner Kraft. Den Vollendeten, dessen müde Hülle wir dem Schoß der Erde übergeben haben, empfehlen wir gleichfalls deiner erbarmungsreichen Liebe. Tilge um Jesu Christi Willen alle seine Sünden aus; denn vor dir ist kein Lebendiger gerecht! Seines Erdendaseins Rätsel kläre ihm dort auf mit dem Licht deiner Gnade, seines Erdenlebens Schmerzen verwandle ihm dort in selige Freude. Und wenn du auch uns rufst, so nimm uns auf in das himmlische Vaterhaus, wo Jesus Christus allen denen, die ihn lieben, eine selige Ruhestätte bereitet hat, die kein Wechsel und kein Sturm dieses Lebens mehr stören und verrücken kann. Amen.

V. 8 des vorigen Liedes.

Dr. Friedrich Wilhelm Heidenreich

Kaspar Hausers Verwundung, Krankheit und Leichenöffnung.

Ein rätselhaftes Wesen hat den Schauplatz des Lebens verlassen. Dunkel ruht auf seinem Eintritt in die Welt, Dunkel umhüllt sein Scheiden. Nur der Himmel kennt des Schicksals Wege!

Ob Fürstensohn oder Betteljunge, ob schuldloser Gegenstand der grausamsten Mißhandlung oder verächtlicher Betrüger, ob schmählicher Selbstmörder oder der ruchlosesten Bosheit blutiges Opfer – keines Menschen Zunge hat es ausgesprochen, keines Geistes Tiefe hat es ergründet, ein dichter Schleier birgt dieses Menschen Verhängnis.

Merkwürdig ist dieser Mensch geworden, und wenn auch unbedeutend in seiner Persönlichkeit, so läßt doch das Seltsame seines Erscheinens und Verschwindens im Leben furchtbare Verbrechen an Leib und Seele ahnen, und reißt unwillkürlich zur Teilnahme an einem Individuum hin, welches den schauderhaftesten Ereignissen zum Spiel geworden ist.

Fern aber von allen Vermutungen, über die man in Mund und Schrift der Worte genug gemacht, lerne von der Meinung des Publikums, das wie der Wechselwind bald dieser bald jener Richtung folgt, unbekümmert um die Ansichten ausgezeichneter Männer, die für diese oder jene Meinung stritten, und unbekannt endlich mit den

Resultaten der ausgedehntesten Kriminaluntersuchungen, weise ich alles Ungewisse und Zweifelhafte von der Hand, nur an das mich haltend, was als Tatsache zu verbürgen ist.

Sonnabends den 14. Dezember 1833, nachmittags gegen 4 Uhr wurde ich von dem auf der Straße an mir vorübereilenden Lehrer Meyer gebeten, den Kaspar Hauser zu besuchen, der soeben im hiesigen Hofgarten in die Brust verwundet worden sei.

Ich begab mich unverzüglich in dessen Wohnung, und fand daselbst in seinem Zimmer den Kaspar Hauser auf einem Sofa ausgestreckt, in halb liegender halb sitzender Stellung, die Füße gegen den Boden herabhängend, mit dem Leib auf der rechten Seite liegend.

Er war noch nicht ausgekleidet, hatte noch seinen Rock an, unter diesen die Weste, ein flanellenes Kittelchen und ein feines Hemd. Die Kleider und das Hemd waren vorn auseinandergezogen, die Brust entblößt, mit Blut befleckt. Das Hemd war ebenfalls blutig, von nicht sehr vielem aber hellrotem Blut gerötet.

Das Gesicht war blaß, entstellt, etwas verzerrt, kühl, die Hände kalt, der Puls klein, schwach, selten, unterdrückt, der Herzschlag selten und sehr schwach. Sprache war nur mit Mühe möglich, er brachte nur einzelne Worte hervor, *es tue ihm wehe, er könne nicht schnaufen* usw. Tiefes Einatmen war vollkommen unmöglich, Husten und Blutauswurf waren nicht vorhanden.

Ich schloß aus den soeben geschilderten Erscheinungen auf eine ernstliche Verletzung und unternahm zuerst die äußere Besichtigung der Wunde. Die verletzte Stelle befand sich dreieinhalb Zoll[10] unter der linken Brustwarze, drei Zoll von der Medianlinie des Körpers, nach meiner Vermutung zwischen der sechsten und siebenten Rippe: denn genau konnten die Rippen wegen Fettigkeit des Körpers nicht gezählt werden.

Die Wunde selbst an der bezeichneten Stelle war scharf geschnitten, mit zwei vollkommen scharfen Enden, sie war schräg von oben und hinten nach unten und vorn verlaufend, von einem Winkel zum anderen dreiviertel Zoll lang, die Ränder kaum eine Linie[11] klaffend, so daß sie nur von einem bis weit nach oben scharf zweischneidigen Instrumente veranlaßt worden sein konnte.

Rock, Weste, Hemd, waren ebenso scharf durchschnitten, und bestätigten die Vermutung, über die Gestalt des verletzenden Instrumentes, so wie sie die große Gewalt, mit welcher der Stich geführt sein mußte, beurkundeten.

Es zeigte sich in der Umgebung der verletzten Stelle kein Emphysem, auch drang aus der Wunde weder Blut noch Luft.

Ich entkleidete nun den Verletzten und unternahm eine innere Untersuchung der Wunde; dazu brachte ich den Kranken zuerst in eine sitzende und dann halbstehende Situation, mit nach vorne gebeugten Körper und Kopf, welchen letzteren ich an meiner Brust zu stützen suchte.

In dieser Stellung brachte ich den kleinen Finger der rechten Hand in die Wunde, der allerdings unter der Zellhaut nicht sogleich die wahre Richtung des Wund-

---

[10] 1 Zoll in Bayern nach 1806: 2,92cm.
[11] 1 Bayerische Linie = 2,02mm

kanals entdecken konnte, auch stieß ich auf eine Rippe, die meinen Forschungen ein Ziel zu setzen schien.

Da ich aber wohl sah, daß die oben angegebenen Zufälle von einer nur die äußeren Bedeckungen treffenden, oder auch bis auf die Rippe durchdringenden Verletzung nicht veranlaßt, werden konnten, auch die Gestalt und das äußere Ansehen der, wie es hieß, gestochenen Wunde mit der bis jetzt gefühlten Seichtigkeit derselben unverträglich war, so suchte ich weiter und bald fand ich unmittelbar von der Rippe selbst ausgehend in der Richtung von oben nach unten und vorn nach hinten den Wundkanal.

Mit geringer Mühe gelangte der kleine Finger durch die Muskelwunde, stieß an der einen Seite auf ein paar Fleischfasern und fühlte es ganz deutlich, als er auch durch eine mit den Muskeln nicht zusammenhängende Membran, deren Öffnung etwas enger schien, als die der Fleischwunde, in den freien Raum der Brusthöhle drang.

Der Finger konnte sich nun frei in der Brusthöhle bewegen, und nachdem er etwas leeren Raum in derselben durchdrungen hatte, stieß er in eine Tiefe von fünfviertel oder anderthalb Zoll von der äußeren Wunde an gerechnet, auf einen in der Brusthöhle befindlichen, glatten, schlüpfrigen, aber nicht ganz ebenen Körper, der beinahe etwas wie eine Furche mit zwei seitlichen Erhabenheiten fühlen ließ.

Ich hielt anfangs diesen Körper für das gleichfalls durch die Verletzung getroffene Herz und glaubte in den gefühlten Unebenheiten, in der Furche eine Wunde der Substanz desselben, und in den seitlichen Erhabenheiten deren Ränder zu erkennen.

Da ich aber vor der inneren Untersuchung mich vom Vorhandensein des Herz- und Pulsschlages überzeugt hatte, und nun in der verhältnismäßigen Zeit gar keine Bewegung, gar keine Zuckung des berührten Körpers fühlte, so glaubte ich die linke Lunge berührt zu haben.

Da der Verletzte sehr über Schmerzen klagte, so konnte und wollte ich die Untersuchung nicht länger fortsetzen, zumal, da mein therapeutischer Zweck, zu ermitteln, ob die Wunde penetrierend und eine innere Blutung zu besorgen sei, bereits erreicht war.

Blutdurchgang oder Blutung aus der Wunde war bei der Untersuchung nicht erfolgt, auch hätte die Schiefheit der Wunde nach unten dem Blut kaum den Austritt gestattet.

Ich brachte nun den entkleideten Kranken zu Bett; Puls und Gesicht waren wie oben angegeben, der Herzschlag selten, langsam, schwach, dem Ohr fast plätschernd vernehmbar, als ob das Herz in einer Flüssigkeit sich bewege. Ich machte kalte Überschläge über die Wunde, wollte kühles Getränk reichen, was aber der Kranke anzunehmen sich weigerte, und war soeben im Begriff einen Aderlaß vorzunehmen, als der Stadtgerichtsarzt, der alsbald gerufen war, eintrat.

Kurze Zeit hierauf kam auch der hiesige Landgerichtsarzt, welchen man als früheren und bisherigen Arzt des Verletzten von dem Vorfall benachrichtigt hatte. Desgleichen traf auch bald eine Kommission des hiesigen Stadtgerichtes ein, der die Sache auf meine Erklärung, daß die Wunde sehr gefährlich sei, unverzüglich war angezeigt worden.

Seinem früheren Arzt klagte der Verwundete über Schmerzen am Hals und der linken Schulter – Erscheinungen, die man bereits als konsekutive Nervenzufälle, höchst wahrscheinlich als Folgen der Verletzung des Zwerchfells oder Zwerchfellnerven betrachten mußte.

Der Stadtgerichtsarzt übernahm nun die Behandlung des Kranken von Amts wegen, ich trat also zurück, und hatte auf das ärztliche Verfahren durchaus keinen Einfluß mehr.

Dieser Arzt erklärte sich sogleich über den Zustand der Wunde folgendermaßen:

„Bei sogleich vorgenommener Untersuchung fand man an der linken Seite der Brust zwei Zoll unter der Brustwarze und vier Zoll von der Mitte des Brustbeins entfernt, eine von hinten nach vorne schief abwärts laufende, dreiviertel Zoll lange Wunde. Beim Auseinanderziehen der Wundlefzen zeigte sich etwas Fett.

Mittelst einer Sonde konnte man nur durch die fleischigen Bedeckungen, aber nicht in die Brusthöhle gelangen.

Übrige Erscheinungen und Befinden: Blasses eingefallenes Aussehen, verminderte Hautwärme, langsamer, schwacher Puls, kurzer beengter Atem; mittelst Auskultation war bei der Pulsation des Herzens ein abnormes Geräusch wahrzunehmen.“

Um 7 Uhr abends hatte sich am Befinden des Kranken nichts verändert. Es wurde ohne besondere Beschwerde das Hemd gewechselt.

Abends halb 9 Uhr besuchte ich den Kranken wieder. Das Befinden war im Ganzen dasselbe, doch eher etwas gebessert als verschlimmert.

Der Herzschlag war derselbe geblieben, der Puls hatte sich etwas gehoben, war etwas frequenter und voller. Die Temperatur der Haut hatte sich etwas erhöht, der Schweiß war warm. Es hatte sich aber auch etwas Delirium eingestellt.

Nachdem ich mich nunmehr überzeugt hatte, daß der Gerichtsarzt die Behandlung des Kranken wirklich übernommen und das ihm nötig scheinende Verfahren bereits eingeleitet habe, konnte ich, ohne zudringlich zu sein, den mir allerdings höchst interessanten Patienten nicht ferner beobachten, und habe daher vom Sonnabend Abend bis zum Dienstag Abend, also dreimal 24 Stunden, den Kranken nicht gesehen.

Die Beobachtungen des behandelnden Gerichtsarztes waren aber folgende:

„Sonntag den 15. Dezember morgens 8 Uhr. Während der Nacht war etwas Schlaf eingetreten. Aussehen, Atem, Puls wie gestern. Übelkeit, Neigung zum Erbrechen, welches auch einmal erfolgt ist. Schmerzhaftes Drücken in der Magengegend gegen die Brust aufwärts. Schmerzen an beiden Seiten des Halses, besonders beim Schlingen. Durst bei feuchter Zunge.

Mittags 12 Uhr. Sehr eingefallenes blasses Gesicht, große Schwäche, kaum fühlbarer Puls, mehr Schmerz und große Beengung.

Nachmittags 3 Uhr. Etwas lebhafteres Aussehen, kräftigerer Puls, schmerzhaftes Atmen, angeblich blutige Sputa, Durst, Ekel vor Nahrung.

Abends 7 Uhr. Minderung der Brustbeschwerden und des Durstes; ruhigerer Zustand.

Montag den 16. Dezember morgens 8 Uhr. Es war eine unruhige Nacht. Gelbe Hautfarbe, ikterischer Urin, Schmerzen in der Magen- und Lebergegend, das Gesicht noch mehr eingefallen, sehr schwacher schneller Puls, kurzer Atem, feuchte blasse Zunge, Durst. Die Wunde ist mit einem Blutschorf bedeckt.

Mittags hatte der Kranke etwas Schleim genossen, alle übrige Umstände waren wie morgens.

Abends 5 Uhr. Patient fühlt sich etwas besser. Allgemeiner gelinder Schweiß, weniger Durst, aus der Wunde schwitzt etwas Blut und dünnes Eiter.

Dienstag den 17. Dezember morgens. Es waren um 3 Uhr und 7 Uhr breiartige braune Stuhlausleerungen erfolgt, worauf sich etwas Schlaf, der die ganze Nacht gefehlt hatte, einfand. Übrigens sehr gelbe Hautfarbe, sehr kleiner schneller Puls, Magen- und Lebergegend sehr schmerzhaft, großer Durst, feuchte Haut.

Mittags 12 Uhr. Patient wurde seit zwei Stunden verhört, sprach ziemlich leicht, der Puls etwas lebhafter.

Nachmittags 2 Uhr. Patient ist sehr matt, atmet sehr kurz, Puls kaum fühlbar.

Abends halb 7 Uhr. Kaltes eingefallenes Gesicht, kalte Extremitäten mit kaltem Schweiß bedeckt, sehr kurzer Atem, an den Händen kein Puls. Alle Zeichen des herannahenden Todes.“

An diesem Abend gegen 7 Uhr wurde ich wieder eiligst gerufen, nachdem der behandelnde Arzt nicht sehr lange erst den Kranken verlassen hatte.

Der Patient hatte wegen einer Ausleerung aus dem Bett verlangt, war da noch kälter geworden, es hatte sich ein Stickanfall eingestellt, der das Leben zu enden drohte, weshalb ich, als der zunächst wohnende Arzt schleunigst zur möglichsten Hilfe herbeigeholt wurde.

Ich fand den Kranken mit entstelltem Gesicht, ohne Bewußtsein, auf dem Deckbett liegend, die Augen nach oben verdrehend, Gesicht kalt, Hände kalt, kalter Schweiß ihn überziehend, das Atmen sehr kurz und beengt, der Herzschlag schwach, der Puls kaum mehr zu fühlen, unter dem Finger verschwindend.

Er erkannte die Umstehenden nur in einzelnen Momenten, mich erkannte er nicht, begriff es auch nicht, als ich ihm sagte warum ich da sei. Er äußerte einzelne Worte: *daß er nicht zu Hause sei, daß man ihn heimbringen solle, sagte, daß er sterben müsse, fragte, wo er sich befinde,* usw.

Beruhigendes Zusprechen, Auftröpfeln und Bestreichen mit Salmiakgeist, die Anwendung eines Senfteiges, Bedeckung und äußere Erwärmung und alle in solchen Fällen erforderliche Mittel wurden in Anwendung gebracht, konnten aber natürlich dem Sterbenden nichts nützen.

Er kam später noch etwas mehr zu Bewußtsein, betete, gab Antworten auf einige über sein Befinden gestellte Fragen, und so erfolgte abends 10 Uhr, 78 Stunden nach der Verletzung ein sanfter und stiller Tod.

Dem Leser meiner Abhandlung wird sich die ganz natürliche und verzeihliche Neubegierde aufdrängen, wie sich denn diese Verwundung zugetragen habe?

Um dieser einigermaßen zu entsprechen, und weil es gewissermaßen auch zur Sache gehört, möge eine kurze Schilderung des Vorfalles gestattet werden.

Voraussetzen muß ich aber, daß der Leser mit Kaspar Hausers Namen und Schicksal, seinem ersten Erscheinen in Nürnberg am 26. Mai 1828, und den darauf gefolgten Vorfällen nicht ganz unbekannt, und aus des Staatsrats v. Feuerbach oder einer anderen Schrift, wenigstens von dem allgemeinsten, was Hauser betrifft, unterrichtet sei.

Auch muß ich noch anführen, daß, während ich dieses schreibe, Resultate von den Untersuchungen der Justiz- und Polizeibehörden nicht bekanntgeworden sind – daher ein allenfalsiger Irrtum im nichtärztlichen meiner Darstellung, Entschuldigung finden möge.

Nachdem Hauser in der Großmut des Lord Stanhope reichliche Unterstützung gefunden hatte, wurde er einem hiesigen Lehrer, Herrn Meyer, in Kost, Pflege und Unterricht gegeben und beschäftigte sich in letzter Zeit nebenbei mit Schreiben in der Kanzlei des hiesigen Appellationsgerichts.

Sonnabends den 14. Dezember, einem trüben, nebligen Tag, nachmittags gegen 4 Uhr sah die Magd des Hauses, in welchem Lehrer Meyer wohnte, den Kaspar Hauser mit vorgespreizten Händen, etwas nach vorwärts gebeugt, nach Hause eilen, so daß sie aurief: „O seht doch, der Hauser ist in den Kot gefallen!" Der Sohn des Hausbesitzers aber, der Hauser unsicher und etwas wankend gehen sah, meinte dagegen: „Nicht doch, der Hauser ist betrunken!"

Hauser eilte aber die Treppe hinauf, klingelte heftig, gab der betroffenen Hausfrau, die die Tür öffnete, auf ihre ängstliche Frage keine Antwort, stürzte in das Zimmer, stieß in einem Zustand von Schrecken und Verwirrung einige Worte von einem Mordversuch gegen ihn aus, faßte den Lehrer Meyer bei der Hand, zog ihn aus dem Zimmer, die Treppe hinab, zum Haus hinab, zum Haus hinaus, gegen den Hofgarten zu, und erst unterwegs konnte Meyer aus ihm herausbringen, daß im Hofgarten in der Nähe des Uz'schen Denkmals ein Mann mit schwarzem Schnurrbart und blauem Mantel ihm einen Beutel habe geben wollen und mit einem langen Messer ihn in die Brust gestochen habe. Der Mann sei in entgegengesetzter Richtung davon gelaufen.

Unterdes waren Meyer und Hauser bis in die Nähe des Hofgartens gekommen, und es beredete Meyer nun den Verwundeten umzukehren, unter der Voraussetzung, daß der Mann mit schwarzem Schnurrbart und blauem Mantel wohl nicht mehr im Garten werde zu finden sein, so wie er überhaupt bei der geringen Verblutung auf die Meinung geriet, daß sich Hauser bloß verstelle.

Erst auf dem Rückwege sank Hauser fast zusammen, raffte nur mit Anstrengung sich auf, und wurde nur mit Mühe und Meyers Unterstützung in das Haus und auf sein Zimmer gebracht.

Es wurde nach Ärzten geschickt, der Stadtgerichtsarzt gerufen und der Landgerichtsarzt, als des Kranken früherer Arzt, von dem Vorfall in Kenntnis gesetzt, ehe aber diese noch ankamen, wollte Meyer die Sache der Polizeibehörde anzeigen, und auf dem Wege dahin begegnete er mir und bat mich, als den ersten Arzt, den er sähe, dem Verwundeten die möglichste Hilfe zu leisten.

Auffallend ist es, wie der Verwundete bei der Größe seiner Verletzung, die erst aus der Leichenöffnung sich ergab, den weiten Weg, den er wirklich machte, zurücklegen konnte, ohne früher Zufälle zu erleiden, als es wirklich geschah.

Vom Uz'schen Denkmal bis zum Tor des Hofgartens sind ungefähr 300 Schritte, vom Gartentor bis zu Meyers Wohnung wohl über 900, und hat nun der Verwundete den letzteren Weg dreimal gemacht, so ergibt sich eine Strecke von mehr denn 3000 Schritten, die er zurücklegte, ehe Zufälle eintraten.

Der Beutel, von dem Hauser gesprochen hatte, wurde gefunden. Er enthielt ein verkehrt geschriebenes, also nur durch den Spiegel lesbares Billet:

Hauser wird es euch ganz genau erzählen können, wie ich aussehe und woher ich komme. Dem Hauser die Mühe zu ersparen will ich es euch selber sagen.
Woher ich komme – –
Ich komme von – – der bayerischen Grenze – vom Flusse – – – –
Ich will Euch sogar noch den Namen sagen M. L. Oe.

Es ist dieses Billet im Original verkehrt geschrieben, hat einen Schreibfehler *denn Hauser* statt *dem Hauser*, und dem Stil nach, nur viel kürzer, allerdings einige entfernte Ähnlichkeit mit dem Brief, mit dem in der Hand Hauser in Nürnberg zuerst gefunden wurde.

Ein Instrument, womit die Tat geschehen sein konnte, wurde nicht gefunden, kann aber leicht in die in mehreren Windungen vorüberfließende Ratzot geworfen worden sein.

Es lag an diesem Tag ein erst in der vorhergehenden Nacht gefallener unbedeutender Schnee. Es müssen in demselben in dem, um diese Jahreszeit wenig besuchten

Hofgarten, die Spuren von mehr oder weniger Fußtritten zu entdecken gewesen sein, was die gerichtliche Untersuchung ergeben wird.

In den ersten Tagen nach der Verwundung war die Stimmung des Publikums sehr gegen Hauser, da man ihm entweder wirklich Selbstmord zutraute, oder es noch wahrscheinlicher fand, daß er Betrug und Täuschung übe, um durch einen neuen scheinbaren Mordversuch irgendeine Absicht zu erreichen.

Ob und welche mehr oder minder gegründete Ursachen zu einem solchem Verdacht vorhanden waren, ist mir unbekannt. Ich hörte wenigstens seit einem zweijährigen Aufenthalt Hausers dahier nicht das mindeste, was zu einer solchen Voraussetzung Anlaß zu geben, oder die Meinung zu rechtfertigen vermöchte, daß man sich zu ihm des einen oder des anderen versehen könnte.

Als aber die Leichenöffnung die Größe der Wunde, die er kaum selbst hätte sich beibringen können, ergeben hatte, war die Mehrheit wieder gereizt, an Meuchelmord zu glauben.

Wie es scheint, ist mir jetzt gar nichts erwiesen, und alles noch so rätselhaft, als ich es in den ersten Zeilen dieser Abhandlung angegeben habe.

Diese Darstellung des Vorfalles stützt sich, wenn auch nicht auf offizielle, doch auf solche glaubwürdige Nachrichten, welche durch Tatsachen außer Zweifel gesetzt werden, die ich daher schon deswegen berühren mußte, weil sie mit der Schilderung des Ärztlichen innig verbunden, und dem Leser zum freien Überblick der ganzen Sache und Gestaltung eines selbständigen Urteils unentbehrlich sind.

Den 19. Dezember vormittags 9 Uhr, 35 Stunden nach dem Tod wurde die gerichtliche Leichenöffnung vorgenommen.

Der Leichnam lag auf einem Tisch, Totenflecken waren bemerklich am Rücken und an den Extremitäten, grünliche Flecken am Unterleib, als Spuren beginnender Verwesung.

Die Spuren der vorhandenen Gelbsucht zeigten sich vornämlich am Gesicht und auf der Brust, auch an den Extremitäten.

Die Gesichtszüge waren wenig entstellt, jedoch mit dem Ausdruck tiefen Schmerzes.

Eine anderthalb Zoll lange in der Quere verlaufende, mit den unterliegenden Teilen nicht verwachsene Hautnarbe zeigte sich an der Mitte der Stirne, eine unebene Narbe, wie von einem geheilten tiefen Geschwür, am rechten Ellenbogengelenk, zwei hautähnliche Warzen an der rechten Wange und eine am Jochbein, eine Linsenförmige Warze am rechten Vorderarm, deutliche Impfnarben am rechten Oberarm unter dem Deltamuskel, zwei flachere unbestimmte Narben am linken Oberarm an ähnlicher Stelle.

Die Wunde der Brust war mit einem Pflaster bedeckt und sonst zeigte sich nichts Auffallendes am ganzen Leichnam.

Dreieinhalb Zoll unter der linken Brustwarze, drei Zoll von der Mitte des Körpers entfernt, befand sich die dreiviertel Zoll lange, zwei Linien klaffende, schräg von hinten nach vorne abwärtsstehende, etwas eiternde Wunde.

Verschiedene Sonden drangen unter die Zellhaut ein, konnten aber den rechten Wundkanal nicht verfolgen.

Bei Zurücklegung der Haut und des Zellgewebes ergab sich, als man von unten und der Seite an gegen die Brust aufwärts präparierte, schon drei Zoll unterhalb der äußeren Hautwunde ein Blutextravasat. Das Zellgewebe war rötlich mit Blut unterlaufen, und nun fand es sich, daß die innere Wunde der Muskeln von der äußeren der Haut sich nur dreieinhalb Zoll verschoben hatte, und die Muskelwunde um so viel tiefer nach unten stand, als die äußere Hautwunde.

Die Muskelwunde erschien nun zwischen der sechsten und siebenten Rippe in den die Rippen bedeckenden und Zwischenrippenmuskeln. Die Umgebung knisterte, es floß etwas Jauche aus, die Muskelsubstanz war mit den Fingern zerreibbar und man hielt diese Stelle für gangränös.

Nun lag die Fleischwunde zwar deutlich vor Augen, aber die Sonde wollte immer noch nicht eindringen. Erst als man am unteren Rand des großen Brustmuskels die Zacken des äußeren schiefen Bauchmuskels und großen Sägemuskels entfernt hatte, drang die Sonde wie von selbst ohne Mühe durch die Interkostalmuskeln in die Tiefe ein, und zwar mehr in der Richtung von oben nach unten und etwas von links nach rechts, den Körper in aufrechtstehender Situation betrachtet.

Die Ablösung des Brustbeins zeigte nichts besonderes, als man aber die Rippen der rechten Seite wegnahm, um sich zur Untersuchung der linken mehr Raum zu verschaffen, flossen aus der rechten Brusthöhle vier bis sechs Unzen[12] dunkelrotes flüssiges Blut aus.

Wo dieses Extravasat hergekommen sei, darüber hat die anatomische Untersuchung des Leichnams keine Aufklärung gegeben; denn eine Verletzung der Lunge oder eines Gefäßes wurde nicht aufgefunden.

Bei Eröffnung des Herzbeutels flossen sechs bis acht Unzen gelbe wäßrige, wie es anfangs schien, mit Eiterflocken gemischte Flüssigkeit. Die ganze innere Wand des Herzbeutels, seine ganze Höhle sowohl, als die großen Gefäße, so weit sie sich in demselben befinden, waren mit einer ziemlich festen Pseudomembran bedeckt. Dieselbe hatte an der Seite, womit sie am Herzbeutel anlag, ein mehr seröses, an der inneren dem Herzen selbst zugekehrten Seite ein mehr flockiges Ansehen, wie sehr lange mazerierte Haut.

Im Grunde des Herzbeutels, namentlich auf der unteren Wand desselben, die das Zwerchfell bildet, lag auf der krankhaft gebildeten Membran eine große Menge weißliches, breiartiges, schmutzig gelb aussehendes Exsudat in solcher Quantität, daß man es mit der Hand herausschöpfen konnte.

Es war dieses dieselbe Masse, aus der die Pseudomembran bestand, nur war diese Masse noch von breiartiger flüssigerer Konsistenz, und noch nicht in ein häutiges oder anderes Pseudogebild umgewandelt. Etwas davon war als flockige Masse mit dem Wasser des Herzbeutels gleich nach der Eröffnung desselben ausgegossen.

---

[12] 1 Nürnberger Unze = 29,8 Gramm.

Auch das Herz selbst war über und über mit dieser Membran überzogen, ebenfalls so, daß die glatte Fläche dem Herzen, die flockige dem Herzbeutel zugekehrt war, und das Herz selbst durch diesen Überzug ganz schmutzig gelb aussah.

Nach Ablösung dieser Haut zeigte sich das Herz an mehreren Stellen entzündet, indem diese Stellen mehr oder minder, heller oder dunkler gerötet erschienen.

Die Wunde hatte den Herzbeutel getroffen und nachdem an der Spitze des Herzens, die sehr entzündet schien, ein wenig ganz fest aufsitzendes Exsudat vorsichtig abgeschabt worden war, ergab sich eine kleine Wunde an der Spitze des Herzens selbst, ungefähr einen drittel Zoll lang und eine Linie tief.

Die Substanz des Herzens war gesund, im rechten Ventrikel befand sich etwas geronnenes Blut, aber seröse Konkremente (sogenannte Herz- oder Sterbepolypen) waren weder im Herzen noch in den großen Gefäßen vorhanden.

Die rechte Lunge war gesund, an der hinteren Fläche etwas schwärzlich.

Bei der Eröffnung der linken Brusthöhle flossen gegen acht bis zehn Unzen einer wäßrig blutigen Flüssigkeit ab, die linke Lunge war sehr nach hinten gedrängt und erschien herausgenommen an ihrer äußeren Oberfläche mit einem dicken bräunlichen Exsudat bedeckt, das sich ebenfalls als häutige Fetzen, von der Lungensubstanz abziehen ließ, über anderthalb bis zwei Linien dick, die ganze äußere Fläche der Lunge überzog, aber doch weniger zur selbständigen Membran gebildet war, als das Exsudat des Herzbeutels.

Das soeben angegebene Extravasat der linken Brusthöhle befand sich aber nicht im Brustfellsack, sondern
zwischen Pleura- und Interkostalmuskeln ergossen, und
floß aus, sobald man die Rippen entfernte, ehe noch der
Pleurasack geöffnet war.

Eine Verwundung oder Verletzung wurde an beiden
Lungen nicht entdeckt, an den großen Gefäßen zeigte sich
durchaus nichts Abnormes und alles übrige war in der
Brusthöhle gesund und ohne Fehler.

Die Wunde drang nun an der Stelle, an der die Spitze
des Herzens liegt, die sie selbst verletzt hatte, durch den
fleischigen Teil des Zwerchfelles in den Unterleib.

Die Zwerchfellwunde war etwas schmaler als die
äußere, ungefähr nur einen halben Zoll lang, dagegen
etwas weiterklaffend gegen einen viertel Zoll; so daß sie
einem verschobenen Viereck ähnelte.

Bei Eröffnung des Unterleibes floß sogleich eine
Menge weißlicher schleimiger Flüssigkeit aus, die alsbald
für den Inhalt des Magens anerkannt wurde.

Die Wunde war durch das Zwerchfell in den linken
Rand des kleinen Leberlappens, der sich sehr weit nach
links erstreckte, gedrungen, hatte diesen Lappen einen
halben Zoll von seinem linken Rand durchbohrt und auch
noch eine penetrierende Verletzung der Wandungen des
Magens veranlaßt, so daß der Inhalt des Magens in die
Unterleibshöhle ausgeflossen war.

Die Wunden des Zwerchfelles und Leberlappens waren
übrigens ebenso scharf geschnitten an ihren Winkeln, als
die äußere Hautwunde im ersten Augenblick nach der
Verletzung beobachtet worden war, nur daß Zwerchfell-

und Leberwunde etwas kürzer in ihrem Längendurch-
messer erschienen.

Der Magen war in der Art verletzt, daß sich die Wunde
an der oberen und vorderen Fläche, ungefähr in der Mitte
zwischen Kardia und Fundus befand, sich über einen Zoll
in die Länge erstreckte und die Wandungen gestreift hätte,
und zwar so, daß an den äußeren Enden der Wunde, nur
die seröse Haut, mehr nach innen die Muskelhaut und in
der Mitte auch die Schleimhaut, letztere ungefähr in der
Länge von zwei Linien durchschnitten war, so daß eine
starke Rabenfeder in die Öffnung hätte eingebracht werden können.

Die Gedärme waren an der äußeren Seite, mit der sie an
den Bauchdecken anlagen, gerötet, jedoch ohne entzündet
zu sein. Die Netze waren mißfarbig und mager. Die
Flüssigkeit des Magens war im ganzen Unterleib verbreitet, hatte sich in das kleine Becken, bis zum S.
romanum und Rectum hinab gesenkt, und von diesen
Darmgebilden an waren nach aufwärts fast alle Gedärme
der linken Seite auf ihrer äußeren Fläche mehr oder
weniger entzündet und brandig.

So war die äußere Fläche des S. romani schwärzlich,
mit Blut unterlaufen, brandig. Nach der Durchschneidung
zeigte sich die innere Fläche gesund. So war auch das
Colon descendens mehr auf der äußeren als inneren
Fläche brandig.

Am meisten brandig war die untere und hintere Fläche
des Magens in der Gegend zwischen Kardia und Fundus,
gerade derjenigen Stelle entgegengesetzt, wo die obere
und vordere Fläche verwundet war. Diese Stellen waren
schwarz und brandig in großer Ausdehnung, die innere

Fläche allerdings ebenfalls von durchgreifendem Brand entfärbt, aber nur an kleineren Stellen und es war deutlich genug zu erkennen, daß der Brand von außen ausgegangen war und sich nur nach innen verbreitet hatte. Die Wandungen des Magens waren übrigens an einzelnen Stellen so zerstört und mürbe, daß einzelne brandige Partien, bei vorsichtigem Herausnehmen des ganzen Magens von selbst zerrissen.

Die Leber, namentlich der linke Lappen, der verletzt worden war, war ganz mürbe und breiartig, so daß in der Umgebung der Wunde eine Sonde nach allen Richtungen in der Lebersubstanz bewegt werden konnte. Auch die Substanz der gesamten Leber war erweicht.

Die gesamte Leber war sehr groß und der kleine Lappen erstreckte sich ungemein weit nach links hinüber.

Die Gallenblase enthielt eine schwärzliche, schmierige, ziemlich konsistente, fast sulzige Flüssigkeit, ähnlich der natürlichen Farbe einer durchschnittenen Milz.

Die Milz selbst war ohne Fehler und gesund.

Die Nieren waren gesund, die linke in ihrer äußeren Umgebung etwas dunkler aussehend, als die rechte.

Die Harnblase war entleert und gesund.

Die Hoden waren in Hodensack und gesund, wie sich schon bei der äußeren Besichtigung ergeben hatte.

Der Schädel schien etwas niedrig, wie von oben nach unten zusammengedrückt, namentlich vom Scheitel an gegen die Stirn hin.

Die Schädelknochen waren etwas dick, sonst erschien nichts Auffallendes an ihnen.

Das Gehirn schien im Ganzen klein, abnormes war nichts daran zu bemerken.

Die Blutleiter der zarten und die Venen der weichen Hirnhaut waren ziemlich mit schwärzlichem Blut angefüllt.

Der Sichelfortsatz der zarten Hirnhaut war derb und fest und reichte sehr weit zwischen den Hemisphären herab.

Übrigens waren Hirn und Häute gesund, Rinden- und Marksubstanz normal.

Das kleine Hirn schien im Verhältnis zum großen ziemlich groß und entwickelt, die hinteren Lappen des großen Hirns wollten das kleine nicht so recht bedecken, wie es sonst natürlich ist. Das große Hirn erschien in diesem Verhältnis ziemlich klein.

Das Hirn nun herausgenommen und durch Horizontalschnitte untersucht, gab nichts besonderes abnormes.

Die große Kommissur des großen Hirnes war sehr stark ausgebildet. Desgleichen waren die Sehhügel groß und ausgezeichnet.

Die Plexus chorioidei waren natürlich, im rechten Seitenventrikel etwas Serum, im linken nicht. Die Vierhügel waren sehr klein.

Die Blättchen im sogenannten Lebensbaum des kleinen Hirns waren ausgezeichnet deutlich und sehr zahlreich vorhanden.

An der Basis des Gehirnes und den hier entspringenden Nerven war nichts Auffallendes oder Abweichendes zu bemerken.

An der knöchernen Basis des Schädels war allerdings sehr auffallend die abgesonderte Lage des mittleren Hirnlappens, die durch das besonders hochstehende Felsenbein und den ebenfalls sehr hoch nach oben stehenden

Schwertfortsatz des Keilbeines wie in einem rundlichen, vertieften Nest lagen.

Die Vertiefungen und Erhabenheiten an den Knochen waren an dieser Stelle ausgezeichnet. Die Erhabenheiten der Knochen ragten hier als bedeutende, über einen viertel ja gegen einen drittel Zoll hohe Spitzen und Zacken, wie man in Landschaftsgemälden entfernte Gletscher zeichnet, gegen die Basis des Hirns herauf.

Auch waren diese spitzigen zackigen Knochenbildungen auf beiden Seiten nicht gleich, sondern auf der rechten Seite größer und stärker, als auf der linken.

Die Windungen an der Oberfläche des Hirnes im allgemeinen schienen nicht sehr zahlreich und fein, im Gegenteil derber, gröber, überhaupt schienen am ganzen Gehirn mehr einzelne Massen, z. B. Kommissur, Sehhügel usw. groß und stark entwickelt, das Hirn im Ganzen aber von nicht besonders feiner und zarter Struktur und Konstruktion zu sein.

Nach dem Ergebnisse der Leichenöffnung glaube ich nun, bei meiner Untersuchung der Verletzung mit der Spitze des Fingers das Zwerchfell und dessen Wunde berührt zu haben.

So viel der Tatsachen. In den Folgerungen daraus sind diejenigen, die befugt und unbefugt darüber urteilen, in ihren Meinungen und Ansichten teils übereinstimmend, teils sehr verschieden.

Über die Gefährlichkeit der Verletzung und die Tödlichkeit der Wunde sind alle Stimmen einig.

Die Wunde hatte zwischen der sechsten und siebenten Rippe die äußeren Bedeckungen getroffen, war am Rand des großen Brustmuskels durch die Dentationen des Säge-

und schiefen Bauchmuskels und durch die Zwischenrippenmuskeln gedrungen, hatte ihren Weg durch den
Herzbeutel genommen und das Herz selbst an der Spitze
verletzt, sie hatte endlich den fleischigen Teil des Zwerchfells durchbohrt, den Rand des linken Leberlappens
durchstochen und eine penetrierende Wunde in den
Wandungen des Magens veranlaßt.

Diese letztere Wunde, die Verletzung des Magens, der
nun seinen Inhalt in die Unterleibshöhle ergießen und
Entzündung und Brand erzeugen mußte, muß auch um so
mehr und in allen Fällen für tödlich erklärt werden, als
diese Wunde nicht entdeckt werden konnte, und auch bei
der genauesten Erkenntnis keine Hilfe hätte stattfinden
können, zumal, da der Magen nicht durch die äußeren
Bedeckungen des Unterleibes, sondern von der Brusthöhle aus verletzt worden war.

Abgesehen nun von der Magenwunde, würden auch die
Leber- und Zwerchfellwunden, deren erstere baldige
Erweichung und Entartung der Lebersubstanz, namentlich
in der Umgebung der verletzten Stelle, und letztere fast
augenblicklich eintretende konsekutive Nervenzufälle an
der linken Schulter und am Hals veranlaßte, ebenfalls
tödlich geworden sein.

Wenn Herzbeutel- und Herzwunden auch mitunter
geheilt werden, so wären doch in diesem individuellen
Fall durch die ungemeine Reizung zu Lympherguß, plas-
tischem Exsudat und Pseudogebild auch diese Verlet-
zungen durch Herzbeutelwassersucht und exsudierte
Pseudomembranen bestimmt und in kaum viel späterer
Zeit, als der Brand der Eingeweide des Unterleibes tödlich
geworden.

Endlich die äußere Wunde, auch nur bis an und zu dem Herzbeutel durchdringend betrachtet, wäre durch das aus den Verzweigungen der Interkostalgefäße und aus der äußeren Fläche des Herzbeutels und der Pleura abgesonderte, und zwischen Brustfell und Zwischenrippenmuskeln ergossene Extravasat in der Folge unfehlbar tödlich geworden.

Es liegt also hier eine vierfache Tödlichkeit der Wunde vor, und darüber sind die Ansichten auch so ziemlich einstimmig.

Das in der rechten Brusthöhle befindliche Extravasat floß aus, als man dieselbe eröffnete. Man wollte diese Blutansammlung als Ergießung aus der bei der Leichenöffnung verletzten Schlüsselbeinvene erklären, da aber aus dieser Vene gewöhnlich nur ganz schwarzes Blut ausfließt, und auch bei dieser Leichenöffnung aus anderan großen Venen der Brust und des Unterleibes ebenfalls nur ganz schwarzes gestocktes Blut ausfloß, das vorgefundene aber nur dunkelrot und flüssig war, auch eine Verletzung der gedachten Vene sich hätte ergeben müssen, so möchte ich dieser Ansicht nicht beitreten, obgleich ich bei Abwesenheit einer Entzündung der rechten Pleura und vollkommener Integrität der Lunge die Veranlassung dieses Extravasates nicht zu erklären vermag.

Auch über die Größe des Extravasates in der linken Brusthöhle könnte sich ein kleiner Anstand ergeben, wenn man annähme, daß bei der auch noch so vorsichtigen Entleerung des Herzbeutels, etwas von dieser Flüssigkeit zwischen die Pleura und Interkostalmuskeln geflossen wäre. Jedenfalls befand sich aber demnach dort ein Blutextravasat, indem die hinweggefloßene Flüssigkeit nur

reines mit Flocken gelblichen Exsudates vermengtes ganz
helles Wasser gewesen sein konnte, bei Entfernung der
linken Rippen aber blutige, dünnere und hellere Flüssigkeit als aus der rechten Brusthöhle entleert wurde.

Ob aber Hauser ein Leben, in welchem er die Stelle des
raffiniertesten Betrügers zu spielen wußte, durch schmerz-
vollen Selbstmord geendet hat, oder ob er als unschul-
diges Opfer einer verabscheuungswürdigen Untat fiel,
darüber sind die Ansichten derer, die berufen und un-
berufen das Urteil sprechen, sehr verschieden.

Während die eine Meinung die Unmöglichkeit zu
beweisen sucht, daß Hauser eine solche Wunde sich selbst
habe beibringen können, und mit Bestimmtheit annimmt,
daß diese Verletzung nur durch ein Banditenmesser und
nur von einem geübten Mörder habe geschehen können,
erklärt die andere Ansicht mit ebenso viel Gründen und
Festigkeit, daß dieser Streich habe töten wollen, ebensogut aber von eigener, als von fremder Hand habe geführt
werden können.

Die Wichtigkeit der Sache und Merkwürdigkeit dieser,
von zwei erfahrenen sachverständigen, zum Ausspruch
berufenen Männern, erhobenen Widersprüche gestattet
etwas ausführlichere Darstellung.

Die äußere Wunde befand sich dreieinhalb Zoll unter
der linken Brustwarze, drei Zoll von der Mittellinie des
Körpers entfernt, und das unterste Ende derselben befand
sich am Magen, an der Grenze der großen und kleinen
Kurvatur, d. h. an der oberen und vorderen Fläche, so
ziemlich in der Mitte zwischen Kardia und Fundus. Betrachtet man nun den Körper in aufrechter Stellung, so
verlief der Wundkanal in dreifach schiefer Richtung von

oben nach unten, von links nach rechts und von vorne nach hinten.

Auch war der Streich nicht in einer ganz gerade-stehenden, sondern in einer etwas nach vorwärts gebeug-ten Stellung geführt worden; denn in dieser Situation, halb stehend, halb sitzend, etwas nach vorne gebeugt, konnte ich mit dem Finger in die Wunde eindringen, bei mehr horizontaler Lage im Bett dagegen hatten die äußere und innere Wunde, und zwar, wie die Leichenöffnung ergab, die äußere über zwei Zoll nach oben sich verschoben, woraus erhellt, daß über die Stellung, in der die Ver-letzung vorfiel, kein Zweifel bestehen kann.

Versucht man es nun an sich selbst, mit einer und der anderen Hand, die man auf die Stelle der äußeren Wunde auffallen läßt, die Richtung des Wundkanales einzuhalten, so ist solche kaum zu treffen, und fast jedesmal wird in diesem Fall die Richtung des Instrumentes einen stump-feren Winkel mit der Scheitellinie des Körpers bilden, d. h. in mehr horizontaler Richtung von vorn nach hinten treffen.

Dagegen ist diese Richtung von fremder Hand sehr leicht einzuhalten, und alles ist viel leichter erklärbar, wenn man annimmt, daß ein vor Hauser stehender Mann ihm diese Verletzung beigebracht habe.

Es wird ferner der Selbstmörder in der angegebenen Stellung kaum die Kraft haben, einen solchen gleich-förmigen Stoß durch den wattierten Rock, Kittelchen, Weste und Hemd noch vier bis fünfeinhalb Zoll tief in Brust und Unterleib zu treiben.

Daß aber dieser Stoß in einem einzigen kräftigen Zug geführt worden sei, geht aus der Richtung und Gleichförmigkeit der Wunde genugsam hervor.

Auch dieses spricht also gegen den Selbstmord und für Verletzung durch fremde Hand.

Noch ein Fall wäre denkbar, daß Hauser das Instrument mit der linken Hand angesetzt und gehalten, mit der rechten aber, oder gar mittelst eines in derselben geführten Körpers aufgeschlagen, und auf diese Weise das Messer hineingetrieben habe.

Auf solche Weise hätte er zwar leicht die Richtung der Wunde, keineswegs aber deren Gleichförmigkeit bewirken können, indem nur eine sehr bedeutende Gewalt, die kaum anzunehmen ist, das Instrument so tief führen konnte, und außerdem er bei Schmerzgefühl gezuckt haben müßte, wodurch die Wunde ungleichförmig geworden wäre.

Nimmt man dagegen aber an, wie von glaubwürdigen Beobachtern versichert wird, daß Hauser in der linken Hand mehr Fertigkeit und Kraft besessen habe, als in der rechten, so bedarf es dieser Gründe gegen den Selbstmord weniger, und derselbe ist dadurch wieder leichter zu erklären.

Woher sollte aber der genau beobachtete Hauser das Mordwerkzeug erhalten haben? Zumal da es kein Instrument des gewöhnlichen Lebens, nicht einmal ein gewöhnlicher Dolch gewesen sein sollte. Es bedarf aber hierzu keines Banditenmessers, indem ein sogenannter *Niederländer Dolch* vollkommen geeignet ist, eine solche Wunde zu bewirken.

Wie hätte aber Hauser diesen sich verschaffen sollen, ohne daß es hätte ermittelt werden können?

In einer Stadt, wie Ansbach, wäre Hauser, der Kauf eines Dolches und sein Tod durch gewaltsame Verwundung zu auffallend, als daß es sich nicht schon ergeben haben sollte, es müßte denn Hauser sich schon lange mit diesem Plan herumgetragen und bei einem früheren Aufenthalt in Nürnberg sich den Dolch zu verschaffen gewußt haben.

Warum noch Rock und Kleider durchstoßen wenn er die Brust treffen wollte?

Die Stelle des Einstiches war übrigens dort gewählt, wo jeder das Herz am deutlichsten schlagen fühlt, es also am sichersten zu treffen glaubt, und hierzu bedarf es keines geübten Mörders.

Wollten wir nun die Sache moralisch fassen, so läßt sich fragen, wie sollte der lebenslustige Hauser der, wie er selbst sagte, so kurz zu leben erst angefangen, der, wenn ich nicht irre, erst wenige Tage vor seiner Verwundung geäußert hatte, er möge wohl

gerne Offizier werden, wenn es nur keinen Krieg gebe und er nicht verwundet oder gar totgeschossen würde, wie sollte der selbstgefällige, gutmütige, tändelnde, feigherzige Hauser zum ernstlichen Entschluß des Selbstmords kommen und zu einem so gewaltigen Streich gegen sich selbst ausholen? Er, den ein Federmesser, den eine Toilettenschere in Mädchenhand zu erschrecken vermochte.

Nach tiefem Gefühl und Ausspruch der allermeisten, die Hauser früher und näher kannten, ist ein Selbstmord mit dem Charakter dieses Menschen vollkommen unverträglich.

Angenommen aber auch, er habe täuschen wollen, um durch einen scheinbar erneuten Mordversuch auf sein Leben die Gunst seiner Gönner, das Interesse des Publikums, die Zuneigung des schönen Geschlechtes sich in erhöhtem Grade zu erwerben, und es sei der Versuch nur etwas zu übel abgelaufen, so läßt sich hierauf mit Recht entgegnen, wer durch Betrug und Täuschung sein Dasein verbessern will, ergreift wahrlich nicht die Maßregeln um es ganz zu vernichten; und daß man eine solche Wunde sich aus Unwissenheit und Unerfahrenheit zufügen könne, überhaupt daß man so etwas zum Spaß treibe, möge mir niemand einwenden.

Sanft und ruhig, ohne Feindschaft oder Haß ist Hauser gestorben. Unter seinen letzten Worten gehörte: *Warum sollte ich Zorn oder Groll hegen, da mir niemand etwas getan hat.* Auch dieses hat man auf Selbstmord gedeutet.

Vergleicht man mit allem diesem nun noch die Beobachtung unseres hiesigen Stadtgerichtlichen Arztes, daß alle von fremder Hand Verwundete ängstlich über ihre Verletzung sind und Besorgnis über ihr Schicksal äußern, Selbstmörder dagegen sich nicht um ihre Wunden kümmern, gleichgültig bleiben und ihren Zustand kaum einer Frage würdigen, wie letzteres von Hauser geschah, so gewinnt die Ansicht für den Selbstmord wieder mehr Wahrscheinlichkeit, wenn man Erfahrungen des gewöhnlichen Lebens auf diesen außerordentlichen Fall in Anwendung bringen darf, und der Widersprüche ist kein Ende.

Je weniger aber diese Zweifel zu lösen sind, und je mehr der ruhige Beobachter durch das Heer der Widersprüche nur in Verwirrung, aber nicht zur Klarheit kommt, um so lieber wird der Leser dieses Feld verlassen und nur vom berichtenden Arzt noch einige Aufklärung fordern, ob die Leichenöffnung vielleicht Resultate geliefert habe, die sich auf Hausers früheres Verhältnis beziehen – Momente, die untergehen, wenn sie jetzt nicht gerettet und erhalten werden.

Diejenigen aber, die zuviel fordern könnten, mögen bedenken, daß ein Leichnam, der an einem trüben Tag, in einem engen Zimmer, einer mit allen Formalitäten vor sich gehenden, ununterbrochen über sieben Stunden dauernden gerichtlichen Obduktion unterworfen wird, nicht der Gegenstand von Studien und Versuchen werden kann, und es möge daher dem Verfasser dieser Mitteilungen, dem nur als Beobachter und Zuschauer die Anwesenheit gestattet war, entschuldigt werden, wenn er zu physiologischen Untersuchungen weder Zeit noch Raum gefunden hat.

Die wesentlichsten dieser Resultate sind aber folgende.

Bei der äußeren Besichtigung des Leichnams war nichts besonders auffallendes zu bemerken.

Die Oberschenkel waren allerdings stark, dick, voll, aber die angeblich früher vorhandene übermäßige Stärke des großen äußeren und inneren Schenkelmuskels (Vastus) wurde nicht vorgefunden.

Die Kniekehle war allerdings etwas weniger ausgehöhlt, platter aufliegend, als sie in der Regel gefunden wird. Wenn man aber annimmt, daß Gefäß- und Wadenmuskeln durch das Liegen des Leichnams auf dem Brett ebenfalls etwas plattergedrückt waren, so erschien auch hier nichts ausgezeichnetes.

Die Leber war sehr groß und hypertrophisch. Dem Landgerichtsarzt, der sich gutachtlich auszusprechen hatte, konnte es daher nicht entgehen, daß diese Vergrößerung und Hypertrophie mit Hausers früherer Einkerkerung in Verhältnis zu setzen sei, indem auch Tiere, denen man in engen Käfigen wenig Bewegung gestattet, eine große Leber bekommen. Aus dem Druck der vergrößerten Leber erklärte derselbe, der auch Hausers früherer Arzt gewesen war, das fortwährende Aufstoßen nach dem Genuß auch jeder Speise, über welches Hauser so häufig klagte, welche Erscheinung aber auch, nächst leicht und bald vorübergehenden Rückenschmerzen, die er sich einmal durch eine Erkältung zugezogen hatte, die einzigen Krankheitszufälle waren, die an Hauser während seines zweijährigen Aufenthaltes dahier beobachtet wurden.

In Übereinstimmung mit den verhältnismäßig kleinen Lungen finde auch ich die Vergrößerung der Leber ganz natürlich, indem diese beiden Organe sich physiologisch bedingen als Ausscheidungsorgane des Kohlenstoffes, die Leber im Fötus für die Lunge funktioniert und in der Tierreihe um so mehr hervortritt, je mehr die Lunge sich zurückzieht.

Konnte sich bei weniger Bewegung und in der dumpfen Luft des Kerkers die Lunge nur wenig entwickeln, so mußte das Übergewicht auf die Leber fallen.

Ist es aber ausgemacht, daß Hauser lange Zeit nur kohlenstoffhaltende Vegetabilien (trockenes Brot) und kein stickstoffhaltiges Fleisch zur Nahrung erhalten hatte, so wurde durch vermehrtes Bedürfnis den Kohlenstoff auszuscheiden, auch die Vergrößerung der Leber und die dicke, zähe, schwärzliche Galle bedingt.

Umgekehrt aber beweisen diese Erscheinungen für Hausers früheres Verhältnis, für seine Einkerkerung in einem dumpfen Loch und Ernährung durch Pflanzenkost.

Eine frühere Untersuchung über vorhandenen oder mangelnden Stickstoffgehalt des Urins hätte diesen Beweis vervollständigen können.

Sonst wurde in Brust- und Unterleibshöhle nichts Seltsames, Abweichendes oder Auffallendes gefunden. Etwas schwieriger und verwickelter ist die Untersuchung und Beurteilung des Gehirns.

Über den namentlich vom Scheitel gegen die Stirn zu etwas niedergedrückten Schädel, die ziemliche Dicke der Knochen, den weithereinragenden Sichelfortsatz der harten Hirnhaut – über die Kleinheit des Gehirns im allgemeinen, die relativ geringe Masse des großen, und bedeutende Größe des kleinen Hirns, über die der Zahl nach wenigeren, aber dem Ansehen nach größeren und gröberen Windungen an der Oberfläche, das besondere Hervortreten einzelner Massen im inneren, namentlich im großen Gehirn, und endlich über einige Eigentümlichkeiten der Schädelbasis – habe ich mich schon im Leichenbefund ausgesprochen. Alle diese Momente schienen mir auf mangelhafte Entwicklung des Hirnorgans zu deuten.

Als dasselbe herausgenommen war, wurde die Kleinheit der hinteren Lappen des großen Hirnes, die auseinanderfielen und das kleine nicht decken wollten, noch auffallender, und diese Erscheinung hatte einige, wenn gleich nur entfernte Ähnlichkeit mit dem Aussehen, wie

Carus (*Versuche über das Nervensystem*. Tafel V. Figur 21.) das Hirn des Marders, oder Tiedemann (*Bildungsgeschichte des Fötushirns* Tafel III. Figur 1.) das Hirn des menschlichen Fötus abgebildet haben.

Nach phrenologischen Grundsätzen, Schädel und Hirn zu untersuchen, um aus der äußeren Bildung auf das Vorhandensein oder den Mangel gewisser Neigungen, Gefühle und Triebe zu schließen, wäre höchst interessant gewesen, konnte aber nicht geschehen, und wäre es auch wirklich geschehen, so möchte ich bei der Unsicherheit dieser Lehre die Zahl der Zweifel und Widersprüche nicht noch mehr vergrößern.

Übrigens konnte ich während der Untersuchung des Gehirnes das Gefühl, und während ich dieses schreibe, das Wort *tierähnliche Bildung* nicht unterdrücken.

In diesem Fall war nicht nur die geistige Entwicklung durch mangelhafte Bildung des Hirnorganes gehemmt, sondern das Organ blieb in seiner Entwicklung zurück durch Mangel aller geistigen Tätigkeit, und Erregung.

Denn es ist ein Naturgesetz, daß jedes Organ und Gebilde, daß ungeübt und unbenutzt bleibt, den vollständigen Grad seiner möglichen Vollkommenheit nicht erreicht, oder von demselben zurücksinkt und verkümmert wird. Bis zum siebenten Jahr ist die materielle Entwicklung des Menschenhirns so ziemlich beendigt, haben aber vor dieser Zeit und nur dieselben Einflüsse stattgefunden, die dessen naturgemäße Bildung hemmen und aufhalten konnten, so muß das Hirn auch in physischer und materieller Hinsicht auf der niederen Bildungsstufe stehenbleiben.

Nach dem angegebenen Naturgesetz, daß Übung und Tätigkeit zur vollständigen Entwicklung eines Organes nötig sei, und ohne dieselben auch die physische Organisation in ihrer Ausbildung zurückbleibe, mußte die Hirnbildung auch im vorliegenden Fall geschehen.

Hat Hauser geraume Zeit vor dem siebenten Jahr seine Zeit in einem finsteren Loch, im dumpfen Hinbrüten, ohne alle intellektuelle Tätigkeit und geistige Lebensreize, die zur Entwicklung des menschlichen Hirns nötig sind, zubringen müssen, so mußte auch seine Hirnbildung auf der tierähnlichen Stufe stehenbleiben, wie er selbst nur in tierischem Zustand gelebt hatte.

Hat aber die Leichenöffnung einen solchen unentwickelten Zustand in der physischen Hirnbildung wirklich nachgewiesen, so ist dieser Zustand auch genügender Beweis, daß Hauser geraume Zeit vor seinem siebenten Jahr in die Lage, in der er so lange verharren mußte, gebracht worden ist.

Waren aber darüber die Jugendjahre verstrichen, und hatte das Hirn seine physische Bildung auf dieser niederen Stufe vollendet, so konnte das Versäumte nicht mehr ersetzt werden.

Als er wirklich an das Licht und unter die Menschen getreten war, war es zu spät, als daß die intellektuellen Reize auf die Bildung des bereits gereiften, physisch ausgewachsenen, aber nur für diese niedere Stufe geistigen Lebens vollendeten Hirns noch hätten Einfluß äußern können.

Daher lassen sich die reißenden Fortschritte und glänzenden Anlagen erklären, die Hauser anfangs verriet, weil für sie das Hirnorgan schon gereift war, das bei

Kindern sich erst auch noch physisch bilden muß, daher
aber auch sein alsbaldiges Stehenbleiben an der Grenze
des Mittelmäßigen und Gewöhnlichen, weil das Hirn für
höheres geistiges Leben nicht mehr umgebildet werden
konnte.

Wäre Hauser früher gestorben, so würde man wohl
mehrere und deutliche Spuren, die sein seltsames Schicksal der physischen Organisation aufgedrückt hatte, gefunden haben, die aber von der Natur unter den Verhältnissen
des gewöhnlichen Lebens mehr oder minder verwischt
worden sein mögen.

Wohl ihm, der es überstanden hat ! Dem des Lebens
Rätsel gelöst erscheinen. Möge der Himmel bald es fügen,
daß der Menschen Augen das Dunkel dieser Wege des
Schicksals durchdringe, damit dem Gefallenen Gerechtigkeit werde, in dieser wie in jener Welt!

Über dieses Buch.

Diese Ausgabe folgt den beiden Werken:

Kaspar Hauser. Beobachtet und dargestellt in der letzten Zeit seines Lebens von seinem Religionslehrer und Beichtvater Heinrich Fuhrmann K. B. III. Pfarrer bei St. Gumbertus zu Ansbach. Ansbach, 1834.

Kaspar Hauser's Verwundung, Krankheit und Leichenöffnung. Von Dr. Heidenreich, pract. Arzte &c. in Ansbach. Berlin, 1834.

Die Texte der Originalausgaben wurden in die traditionelle deutsche Rechtschreibung übertragen und zum besseren Verständnis für heutige Leser sprachlich bearbeitet.